엑셀로
시작하는
데이터과학
실무

★ ★ ★

저자 하야마 히로시 **역자** 최서희

YoungJin.com Y.
영진닷컴

엑셀로 시작하는
데이터과학 실무

ISBN 978-89-314-6334-7

독자님의 의견을 받습니다

이 책을 구입한 독자님은 영진닷컴의 가장 중요한 비평가이자 조언가입니다. 저희 책의 장점과 문제점이 무엇인지, 어떤 책이 출판되기를 바라는지, 책을 더욱 알차게 꾸밀 수 있는 아이디어가 있으면 이메일, 또는 우편으로 연락주시기 바랍니다. 의견을 주실 때에는 책 제목 및 독자님의 성함과 연락처(전화번호나 이메일)를 꼭 남겨 주시기 바랍니다. 독자님의 의견에 대해 바로 답변을 드리고, 또 독자님의 의견을 다음 책에 충분히 반영하도록 늘 노력하겠습니다.

파본이나 잘못된 도서는 구입처에서 교환 및 환불해드립니다.

이메일 : support@youngjin.com
주 소 : (우)08507 서울특별시 금천구 가산디지털1로 128 STX-V타워 4층 401호 (주)영진닷컴 기획1팀
등 록 : 2007. 4. 27. 제16-4189호

STAFF

저자 하야마 히로시 | **역자** 최서희 | **총괄** 김태경 | **기획** 차바울 | **표지 디자인** 김소연 | **내지 디자인** 김효정
편집 이주은, 신혜미 | **영업** 박준용, 임용수, 김도현 | **마케팅** 이승희, 김근주, 조민영, 김예진, 이은정, 김민지, 채승희 | **제작** 황장협 | **인쇄** 예림 인쇄

최근 몇 년 통계학이 주목받으며 관련 도서의 출판이 활발합니다. 통계학이 많은 업무에 실질적인 도움을 주기도 하지만, 그것뿐만은 아닙니다. 사물을 보는 견해를 바꿔주고, 본질을 파악하는 통찰력을 길러주기 때문입니다. 통계학을 접한 사람들이 실제로 그러한 긍정적인 영향을 실감했기 때문일 것입니다.

통계학은 성장을 위한 강력한 도구로, 많은 계산이 필요했기에 컴퓨터가 없던 시절에는 일부의 사람만 사용할 수 있었습니다. 그러나 요즘에는 사무업무에 필수적인 Excel이라는 도구가 있습니다. 사고하는 방법만 이해할 수 있다면, 분석이나 예측을 Excel로도 시행할 수 있습니다. 이제는 업무에서 통계학을 이용해야 하는 때가 되었습니다.

통계학에 필요한 것은 특수한 재능이 아니라 상식을 잘 활용하는 능력입니다. 지금 있는 정보만으로도 신중한 절차를 통한다면 제대로 분석할 수 있습니다. 당연하게도 선입견이나 편견에 현혹되어서는 안 될 일입니다. 이를 돕기 위해 이 책에서는 계산 방법뿐만 아니라 데이터를 보는 방법과 특징을 파악하는 방법, 분석하고 사고하는 방법, 기술의 적용 상황, 의외의 함정 등을 상세하게 설명합니다. 독자분들이 통계학을 비즈니스에서 활용해 긍정적인 결과를 얻었으면 하는 바람입니다.

마지막으로 이 책을 세상에 내놓을 기회를 주신 주식회사 임프레스의 〈할 수 있다 비즈니스〉 편집부의 후지이 다카시 편집장 님, 데스크의 이노우에 카오루 씨, 기획·편집 전반에 걸쳐 신세를 진 편집 담당 히라타 아오이 씨, 아름답고 보기 쉬운 지면과 커버를 디자인해 주신 오오바 키미히토 씨, 멋진 일러스트를 그려주신 스야마 나쓰키 씨, 그 외에 노력해주신 모든 분에게 감사의 마음을 전합니다.

하야마 히로시

목차

제 1 장 데이터 분석에는 확실한 규칙이 있다
분석 목적 · 데이터 형식

레벨업의 출발점은 자신의 위치를 아는 것부터

제 **4** 장

순위 · 편차치 · ABC 분석

관계에서 문제 해결의 실마리를 얻다

제 **5** 장

상관관계 · 회귀분석 · 중회귀분석

트렌드나 계절 변화로 미래를 예측한다

제 **6** 장

시계열 분석

제 **7** 장 수치의 차이가 정말 의미있는지 확인한다
평균값 차이 검정 · 분산 차이 검정

제 **8** 장 예측에 도움이 되는 것은 어떤 요인인가 판별한다
독립성 검정 · 상관 검정 · 중회귀분석 검정

📁 **실습 파일 다운로드**

이 책에서 사용할 실습 파일은 영진닷컴 홈페이지에서 다운로드할 수 있습니다.
추가적인 해설 파일도 함께 제공하니 읽어보시기 바랍니다.

실습 파일 다운로드 방법

1. 영진닷컴 홈페이지에 접속합니다.
2. 좌측 하단의 **<부록 CD 다운로드>**를 클릭합니다.
3. [IT도서/교재] 카테고리를 선택한 후 우측의 검색란에 **<엑셀로 시작하는 데이터과학 실무>**를 입력하고 검색을 클릭합니다.
4. 도서명과 번호(6772)를 확인하고 우측의 **<부록 CD 다운로드>**를 눌러 다운로드합니다.

영진제과 등장인물 소개

character

차바울 주임(입사 3년 차)

지방 S대학 경제학부를 평범한 성적으로 졸업했으며 영업기획부에서 근무하고 있다. 아직 신입사원 티를 온전히 벗어내진 못했지만, 동기들과 사이가 무척 좋아 보인다. 자칭 사내 풋살팀 에이스. 실제로는 발목을 잡고 있다.

최윤정 대리(경영기획실 팀장)

차바울 주임의 선배로 명문 Y대학 사회학과를 수석으로 졸업했다. 참된 복이라는 뜻의 이름에서는 상상할 수 없을 행동을 보이기도 한다. 이론을 굉장히 중시하는, 대담한 성격의 소유자이다. 취미는 갬블.

김경민 부장(영업기획부 부장)

신입사원 시절, 당시 팀장이었던 김태경 팀장에게 통계를 배운 이래로 본질을 간파하는 것을 중요하게 생각한다. 겉으로는 잘 드러나지 않지만, 후배들이 방황할 때 건네는 핵심 한마디. 취미인 그림 그리기도 몇 년째 겉으로 드러나지 않는다.

이 책의 줄거리

영진제과에서는 매년 사내 논문 콘테스트를 개최합니다. 김경민 부장에게서 논문을 작성하라는 지시를 받은 차바울 주임은 영진제과의 질적 향상 방안이라는 거창한 타이틀을 타이핑한 뒤로 도통 진척이 없어 망연자실해 있습니다. 이를 보다 못한 김경민 부장은 "회사보다 차바울 주임의 질적 향상이 먼저네."라고 이야기하며 데이터 분석의 전문가인 최윤정 선배를 소개해주었습니다. 이렇게 데이터 분석 방향이나 사용법을 익히기 위한 차바울 주임의 일주일이 시작됩니다.

제 1 장

데이터 분석에는 확실한 규칙이 있다

분석 목적 · 데이터 형식

STORY

개인이나 기업의 가치를 높이기 위해서는 현재 상태와 환경을 제대로 파악하는 것이 우선입니다. 데이터 수집이나 분석은 이를 위한 강력한 수단이죠. 그러나 차바울 주임은 데이터 분석 이전의 단계에서부터 방황하고 있습니다. 데이터 분석을 위한 출발점을 명확하게 알아봅시다.

데이터 분석의 출발점은?

데이터 수집과 분석의 중요성은 누구나 이해하고 있을 겁니다. 게다가 데이터 분석에는 목적이 있을 거라는 것도 어렴풋이 알고 있겠죠. 당연하게도 목적이 모호하다면 집계표나 그래프를 만들어도 엇나간 분석이 되고 맙니다. 도0대체 목적이란 어떤 것일까요? 또 목적에 도달하기 위해서는 어떤 작업부터 시작하면 좋을까요?

분석 목적 · 데이터 형식

도수분포표 · 히스토그램

평균값 · 중앙값 표준편차 · 분산

순위 · 편차치 ABC 분석

상관관계 · 회귀 분석 · 중회귀분석

시계열 분석

평균값의 차이 검정 · 분산의 차이 검정

독립성 검정 · 상관 · 회귀 검정

부록 · 용어집

우선 목적과 데이터 형식을 판별하자!

목적을 계층화해서 하위 목적을 밝히다 보면 어디부터 시작해야 하는지 알기 쉽습니다. 더불어 목적을 달성하기 위해 어떤 표와 그래프를 작성해야 좋을지도 알 수 있죠. 분석 작업의 시작은 데이터 입력부터인데, 이때 중요한 것이 데이터의 형식입니다. 어떤 형식으로 데이터를 입력하면 좋을지 알아봅시다.

1-1 목적의 명확화가 데이터 분석을 성공으로 이끈다

데이터 분석에는 목적이 있습니다. 간단한 예로는 매출을 올리기 위해, 주력 상품을 결정하려고, 주요 고객을 설정하기 위해, 경비를 절감하기 위해, 야근 시간을 줄이기 위해서 등이 있겠죠. 그러나 수집한 데이터를 목적과 어떻게 연결할 수 있는지 도저히 감을 잡지 못하는 사람도 있을 겁니다.

매출을 증대한다라는 목적에 인터넷 이용조사 데이터가 어떻게 도움이 될지 의견을 물어도 "그냥 도움이 될 것 같다."라고 대답할 수밖에 없는 것이죠. 물론 쉬운 일은 아닙니다. 수집한 데이터로부터 목적에 이르기까지는 말이죠.

목적이란 여행으로 치자면 목적지에 해당해! 어디로 갈 것이며 어디를 어떻게 경유할 것인가를 확인해 둘 필요가 있어.

목적을 명확히 하면 데이터 분석 방법이 결정된다

목적에는 상위 목적과 하위 목적이라는 계층 관계가 있습니다. 몇 가지 목적을 나열한 후 어느 것이 상위이고 어느 것이 하위인지 생각해 봅시다.

예를 들자면 매출 증대가 상위 목적이고 중점 상품 결정이나 주력 고객 설정이 하위 목적입니다. 또 경비 절감이 상위 목적이고 야근 축소가 하위 목적이 되겠죠. 이러한 계층은 계층도를 그려두면 이해하기 편합니다.

분석 목적 · 데이터 형식

도수분포표 · 히스토그램

평균값 · 표준편차 · 중앙값 · 분산

순위 · 편차치 ABC 분석

상관관계 · 회귀 분석 · 중회귀분석

시계열 분석

평균값의 차이 검정 · 분산의 차이 검정

독립성 검정 · 상관 · 회귀 검정

부록 · 용어집

◑ 도표 1-1 목적의 계층

```
┌─────────────────────┐          ┌─────────────────────┐
│  매출을 증대시킨다.    │          │   경비를 절감한다.     │
└─────────────────────┘          └─────────────────────┘
    │                                  │
    ├─ ┌──────────────────┐            └─ ┌──────────────────┐
    │  │ 중점 상품을 결정한다. │               │ 야근 시간을 줄인다.  │
    │  └──────────────────┘               └──────────────────┘
    │
    └─ ┌──────────────────┐
       │ 주력해야 하는        │
       │ 고객을 설정한다.     │
       └──────────────────┘
```

목적을 작은 목적으로 나누면, 어떤 데이터를 어떻게 분석하면 좋을지 알 수 있게 돼!

깊게 생각하면 중점 상품 결정이나 주력 고객 설정이 경비 절감의 하위에 위치할 수도 있고, 매출 증대나 경비 절감의 상위에는 이익 확대라는 목적이 있을 수도 있죠. 혹은 목적이 수치 목표로써 명확하게 나타나는 경우도 있을 겁니다.

대부분 여기서부터 완벽을 위해 고민에 고민을 거듭하며 시간을 낭비합니다. 완벽한 것도 좋지만, 크게 영향을 미치지 않는 정도라면 예측을 잘하는 것이 더 중요합니다.

도표 1-1처럼 목적을 구조화하여 하위 목적을 먼저 달성하면, 상위 목적을 달성할 수 있다는 걸 알 수 있습니다. 물론 모든 목적을 달성하는 것은 불가능에 가까우니 가장 먼저 몰두해야 하는 것이 무엇인지 목적을 축소하는 단계가 필요합니다. "해야 하는 일은 여러 가지가 있지만, 매출을 증대시키기 위해서는 중심 상품을 결정하는 것이 가장 중요해! 우선 중심 상품 결정에 관한 분석을 진행하자!"

● 도표 1-2 **목적의 축소**

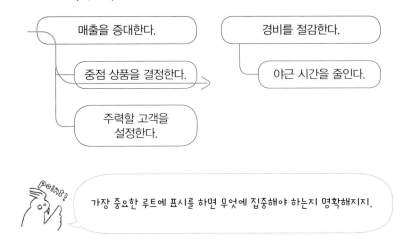

매출을 증대한다.	경비를 절감한다.
중점 상품을 결정한다.	야근 시간을 줄인다.
주력할 고객을 설정한다.	

Point! 가장 중요한 루트에 표시를 하면 무엇에 집중해야 하는지 명확해지지.

　목적을 축소했다면 취급하는 상품 중에서 어느 상품이 매출 대부분을 차지하는지, 반대로 매출에 공헌하지 못하는 상품은 어느 것인지, 또 어떤 사람이 어떤 경로로 상품을 구입하고 있는지를 조사할 필요가 있다는 걸 알 수 있습니다. 여기까지 알고 나면 어떤 데이터를 수집하고 어떻게 분석하면 좋을지 보이기 시작합니다.

　목적을 하위 목적으로 나눠보면, 목적과 데이터의 괴리를 메울 수 있습니다. 목적이 데이터에 가까워지는 겁니다!

아하, 막연하게 생각할 게 아니라, 목적을 적어보면 알기 쉬워지는 군요.

1-2 분석 목적에 맞는 데이터의 분석 방법을 알아보자

분석 목적·데이터 형식

도수분포표·히스토그램

평균값·중앙값 표준편차·분산

순위·편차치 ABC 분석

상관관계·회귀 분석·중회귀분석

시계열 분석

평균값의 차이 검정·분산의 차이 검정

독립성 검정·상관, 회귀 검정

부록·용어집

데이터 분석 목적을 상세하게 나누면 무엇을 해야 하는지 명백해집니다. 데이터 분석에 직결된 목적이 보이기 때문이죠. 예를 들면 아래와 같습니다.

- 전체적인 이미지를 보고 싶다.
- 위치를 알고 싶다.
- 비율을 알고 싶다.
- 비교하고 싶다.
- 변화를 보고 싶다.
- 관계를 알고 싶다.
- 예측하고 싶다.

이처럼 목적이 보이기 시작하면 거기에 맞는 데이터 가공 방법을 선택하면 됩니다. 그 방법들을 간략하게 살펴봅시다.

어려운 용어는 신경 쓰지 말고 목적에 적합한 표와 그래프를 대강 살펴보기만 하면 돼.

지금까지는 무턱대고 만들어서, 조금은 이상한 그래프라고 생각한 적도 있었어요. 목적을 의식해야만 하는군요.

◑ 도표 1-3 목적에 맞는 데이터 분석 방법

목적	값 · 표 · 그래프	참조 페이지
전체적인 이미지를 보려할 때	도수분포표, 히스토그램 ◆ 히스토그램의 예 	• 방침 결정, 전략 수립 ▶P.051 • 불규칙한 데이터 발견 ▶P.051
데이터를 요약할 때	평균값, 중앙값, 표준편차 등의 통계치 ◆ 각종 통계치의 예 		영진 사브레	타사 사브레
평균값	6.35	6.10
표준편차	2.207	1.165
중앙값	7	6		• 집단의 특징을 안다. 평균값 ▶P.056 분포의 형태 ▶P.073 표준편차 ▶P.082 • 위치를 안다. 비교하는 등의 분석 기초 데이터로 사용한다. ▶P.056
규모를 가시화하여 비교할 때	막대그래프 ◆ 막대그래프 비교의 예 	• 객관적으로 평가한다. ▶P.066 • 타사와 비교한다. ▶P.068

목적	값 · 표 · 그래프	참조 페이지
위치나 범위를 알고 싶을 때	편차치, 사분위수, 백분위수 값, 상자 그림 ◆상자 그림의 예 집세의 범위	• 전체 중의 위치를 안다. ▶P.098 ▶P.110 • 다른 집단에서의 위치를 비교한다. ▶P.106 • 불규칙한 데이터 발견 ▶P.121
전체에서 차지하는 비율을 알고 싶을 때	원그래프, 파레토 차트 ◆ 파레토 차트의 예 영진 사브레 제조 트러블 일람	• 중점 항목을 밝힌다. ▶P.125 • 항목의 순위를 매긴다. ▶P.128
관계를 알고 싶을 때	분산형 차트, 상관계수 ◆ 분산형 차트의 예 방 넓이와 집세의 관계	• 증가/감소 경향을 안다. ▶P.134 • 관계의 강도를 안다. ▶P.137

분석 목적·데이터 형식

도수분포표·히스토그램

평균값·중앙값 표준편차·분산

순위·편차치 ABC 분석

상관관계·회귀 분석·중회귀분석

시계열 분석

평균값의 차이 검정 분산의 차이 검정

독립성 검정 상관·회귀 검정

부록·용어집

목적	값 · 표 · 그래프	참조 페이지
관계를 바탕으로 예측한다.	회귀분석, 중회귀분석 ◆중회귀분석의 예(집세를 예측) 중회귀분석에 의한 예측 역까지 도보 시간 / 건축 년수 / 면적 / 집세 10 / 10 / 10 / 7.36	• 다양한 값의 조합을 통해 결과가 어떻게 될지를 추측한다. ▶P.150
시간의 변화를 바탕으로 예측한다.	시계열 분석 ◆시계열 분석의 예 영진 아이스 찰떡 출하수 추이 (25,000 / 20,000 / 15,000 / 10,000 / 5,000 / 0)	• 미래의 값을 예측한다. ▶P.172 • 주기적인 변화를 안다. ▶P.174
분석에 근거를 할당하다.	검정 ◆평균값 차의 검정 예시 과자 맛 비교 결과 / t검정 샘플 / 성별 / 영진 사브레 / 타사 사브레 / 단측검정 1 F / 2 / 7 / 0.33679 2 M / 5 / 6 3 F / 8 / 6 4 M / 7 / 5 5 M / 7 / 6 6 F / 3 / 5	• 평균값에 차이가 있는지를 안다. ▶P.186 • 흩어진 상태에 차이가 있는지를 안다. ▶P.218 • 카테고리 사이에 관련이 있는지를 안다. ▶P.228 • 여러 원인에 관계가 있는지, 예측이 적합한지를 안다. ▶P.239

📃 **Note**

위의 표와 그래프는 Excel로 작성한 것입니다. 실습 파일에 전부 포함되어 있습니다.

관련된 내용이나 고도의 분석 방법을 해설한 문서도 포함되어 있으므로 꼭 참고해 보세요.

수집한 데이터를 적절한 형식으로 입력하자

데이터 형식 · 분석 목적

도수분포표 · 히스토그램

평균값 · 표준편차 · 분산 · 중앙값

순위 · 편차치 ABC 분석

상관관계 · 회귀 분석 · 중회귀분석

시계열 분석

평균값의 차이 검정 · 분산의 차이 검정

독립성 검정 · 상관 회귀 검정

부록 · 용어집

1-1에서는 데이터 분석에 어떻게 착수해야 하는지 목적부터 살펴보았습니다. 이번에는 눈앞에 있는 데이터로부터 데이터 분석에 접근해 봅시다.

'어느 회사의 연봉 테이블 데이터'를 알아볼까요? 도표 1-4와 같은 형식의 데이터일 겁니다.

도표 1-4   어느 회사의 연봉 테이블 데이터

나이	평균 연봉
50~59	8,780,000
40~49	6,550,000
30~39	4,680,000
20~29	2,122,308
평균	4,504,333

위 도표를 연봉 테이블 데이터라고 불러도 대부분은 아무런 의문을 품지 않을 겁니다. 그러나 사실 이 표는 데이터 그 자체가 아니라 집계된 결과입니다. 원래의 데이터는 도표 1-5입니다.

도표 1-5   연봉을 집계하기 위해 사용한 원래의 데이터

사원번호	나이	연봉
7910001	59	10,200,000
7910002	59	9,400,000
8020010	58	8,400,000
⋮	⋮	⋮

데이터를 분석하기 위해서는 데이터 형식의 차이를 명확하게 이해하여 데이터가 어떤 것인지를 알아둘 필요가 있습니다. 분석 목적이나 관점이 명확해지면 수집하는 데이터의 형식도 거의 결정됩니다. Excel 등의 소프트웨어를 사용해 분석을 시행하려면 분석에 적합한 형식의 데이터를 입력하는 것이 작업의 출발점입니다.

그렇다면 데이터 형식이란 건 뭘까요? 아주 간단합니다. 한 건의 데이터를 1행에 입력한다. 이 책에서는 Excel로 진행하지만 Access 등 다른 애플리케이션 프로그램을 사용할 때도 마찬가지입니다. 다만 한 건의 데이터가 무엇을 가리키는지를 제대로 이해하지 못하면 데이터를 올바르게 입력할 수 없습니다. 그래서 구체적인 예시로 한 건의 데이터를 알아보고 직접 입력해 봅시다.

눈앞의 데이터는 여행으로 예를 들자면 출발지에 해당하는 거야. 출발지를 알면 다음은 어디로 갈 수 있는지 알 수 있잖아!

아! 목적지와 출발지를 모두 확실하게 알아둔다는 거네요.

맞아. 목적이란 무엇을 원하는가?를 말해. 그것을 위해서 무엇을 이용할 수 있는가? 하는 것이 출발지가 되는 눈앞의 데이터야. 언제나 그렇듯이 시작이 중요하지.

분석 목적 ·
데이터 형식

도수분포표 ·
히스토그램

평균값 · 중앙값
표준편차 · 분산

순위 · 편차치
ABC 분석

상관관계 · 회귀
분석 · 중회귀분석

시계열 분석

평균값의 차이 검정
· 분산의 차이 검정

상관 · 독립성 검정
회귀 검정

부록 ·
용어집

조사한 데이터를 입력하려면

아래 도표처럼 조사표를 사용해 인터넷 이용 시간에 관한 설문조사를 실시했다고 생각해봅시다.

◗ 도표 1-6 **수집한 설문 조사표(사람 수 만큼)**

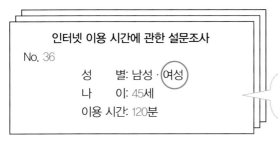

이 경우에 한 사람분의 조사 결과인 조사표 한 장이 한 건의 데이터입니다. 한 건의 데이터인 조사표에 No., 성별, 나이, 이용 시간이라는 세부항목이 있는 것이죠.

통계 레시피

조사표의 데이터를 Excel의 워크시트에 입력해봅시다.

방법 | 한 건의 데이터는 한 행에 입력한다.

유의할 점 | 설문조사 등의 데이터에는 1장의 조사표에 한 건의 데이터가 기록되어 있다. 다만, 항목 수가 많은 경우에는 여러 장의 조사표에 한 건의 데이터가 기록되어 있기도 하다.

설문조사 결과를 워크시트에 입력한 데이터가 아래 이미지입니다. 설문조사 용지 내용과 비교해서 한 줄에 어떤 항목이 있고 어떤 데이터가 입력되어 있는지를 확인하세요.

● 도표 1-7　**한 건의 데이터는 1행에 입력한다**

▲	A	B	C	D	E
1	인터넷 이용 시간 조사(하루당)				
2					
3	샘플	성별	나이	시간(분)	
4	1	F	55	55	
5	2	M	34	24	
6	3	F	22	240	
7	4	F	53	99	
8	5	M	53	154	
9	6	M	28	98	
10	7	M	47	174	
11	8	M	46	203	
12	9	F	71	49	
13	10	F	40	78	
14	11	F	83	24	
15	12	M	31	184	
16	13	M	26	207	
17	14	M	64	126	
18	15	M	71	81	
19	16	M	16	124	
20	17	F	13	215	

어느 22세 여성은 하루에 240분 인터넷을 이용한다.

조사표의 데이터는 한 행씩 입력한다.

샘플은 한 건 한 건의 데이터에 붙인 번호, F는 여성(Female), M은 남성(Male)을 의미해.

도표 1-6의 설문조사처럼 항목 수가 적을 때는 한 장의 조사표에 한 건의 데이터를 기록할 수 있지만, 항목 수가 매우 많은 경우는 여러 장의 조사표가 한 건의 데이터가 되기도 합니다. 샘플이란 전체 데이터에서 추출한 표본 데이터입니다. 어떤 경우이든 각 조사 데이터는 한 건의 데이터입니다.

분석 목적·
데이터 형식

도수분포표·
히스토그램

평균값·중앙값
표준편차·분산

순위·편차치
ABC 분석

상관관계·회귀
분석·중회귀분석

시계열 분석

평균값의 차이 검정
·분산의 차이 검정

상관·회귀 검정·
독립성 검정

부록·
용어집

지식➕더하기

설문조사의 〈함정〉에 주의하자!

　설문조사 결과는 수치로 나타낼 수 있으므로 근거가 확실하지 않은 주관적인 주장과 달리 신뢰성이 높다고들 여깁니다. 그러나 조사 방법에 따라서 실태가 반영되지 않은 결과가 나올 때도 많아 주의가 필요합니다.

　이 책은 가상의 데이터를 활용하기 때문에 그러한 영향이 나타나지는 않지만, 예를 들어 산업단지의 거리에서 실시한 설문조사와 패션 거리에서 실시한 설문조사는 결과가 다를 가능성이 큽니다. 주택가라면 또 다를 겁니다. 애초에 설문조사에 응답하는 사람과 응답하지 않는 사람의 차이가 있을 수도 있겠죠. 다수의 데이터를 모으고 싶다고 해서 인터넷에서 설문조사를 실시하면 컴퓨터나 인터넷 사용법에 익숙한 사람의 답변밖에 얻지 못하거나 흥미가 없는 사람에게는 답변을 얻지 못할 겁니다.

　이러한 샘플의 편중을 바이어스라고 부릅니다. 조사할 때나 분석 결과를 해독할 때도 바이어스를 염두해야 합니다. 목적에 따라 특정 샘플을 수집하는 경우도 있지만, 보통은 무작위로 샘플을 고르는 것이 이상적입니다.

인간은 자기 생각과 일치하는 것만을 보려하는 경향이 있어. 다른 생각은 무시한다는 말이지. 이거도 바이어스야! 확신은 금물이지.

전표 형식의 데이터는 '서두'와 '명세'에 주목하자!

매출 전표와 같은 데이터에는 한 장에 여러 건의 데이터가 기록되어 있습니다. 이럴 때는 무엇이 한 건의 데이터일까요? 바로 하나의 명세가 한 건의 데이터입니다! 이를 다루는 데는 정해진 방법이 있으므로 구체적인 예시를 통해 살펴보겠습니다.

통계 레시피

전표 형식의 데이터를 Excel 워크시트에 입력해봅시다.

방법 | 전표 속 하나의 명세를 한 건의 데이터로 입력한다.

유의점 | 전표의 공통 부분은 모든 행의 첫머리에 입력한다.

아래 도표에는 전략화하기 위한 상품 코드나 소비세 등을 생략했지만, 매출 전표는 대체로 이런 형식입니다. 여기서는 서두 부분과 명세 부분으로 나뉘어 있다는 점에 주목해 주세요.

🌀 도표 1-8 **매출 전표 이미지**

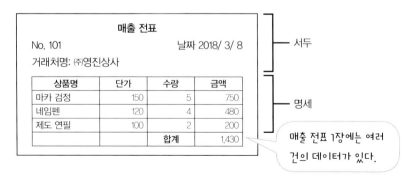

전표의 서두 부분에는 전표 번호나 날짜, 거래처명 등이 있습니다. 이는 모든 명세에 적용되는 공통 데이터이므로 한번만 쓰여도 되는 부분입니다. 공통부분은 명세의 처음에 입력합시다. 즉, 도표 1-9처럼 공통 부분 + 하나의 명세가 한 건의 데이터가 되는 것입니다.

다만 금액은 항목으로 입력하지 않을 때도 있습니다. 금액은 단가×수량을 계산하여 쉽게 구할 수 있기 때문입니다.

● 도표 1-9 **매출 전표는 서두를 왼쪽에, 명세를 오른쪽에 입력한다.**

서두 / 명세

	A	B	C	D	E	F	G
1	고객별 상품별 매출 일람표						
2							
3	전표 번호	날짜	거래처명	상품명	단가	수량	금액
4	101	2018/3/8	㈜영진 상사	마커 검정	150	5	750
5	101	2018/3/8	㈜영진 상사	네임펜	120	4	480
6	101	2018/3/8	㈜영진 상사	제도 연필	100	2	200
7							

서두+한 건의 명세를 한 행에 입력한다.

전표 마지막의 합계도 계산하면 구할 수 있으므로 한 건 한 건의 명세 데이터로 입력하지 않습니다.

지금까지는 한 건의 데이터를 별로 의식하지 않았는데, 이렇게 알아보니 분석할 때 데이터를 다루기 쉬울 거 같아요.

아직 데이터 분석의 초입이지만, 첫발부터 느낌이 좋은 걸?

분석 목적·데이터 형식

도수분포표·히스토그램

평균값·중앙값 표준편차·분산

순위·편차치 ABC 분석

상관관계·회귀분석 분석·중회귀분석

시계열 분석

평균값의 차이 검정 ·분산의 차이 검정

상관, 회귀 검정· 독립성 검정

부록 용어집

통계에서 사용하는 데이터의 형식

R과 같은 통계 애플리케이션에서는 도표 1–7 형식의 데이터를 스택 형식 데이터라고 부릅니다. 스택은 축적된이라는 뜻으로 한 건 한 건의 데이터를 각 행에 쌓는 형식을 말합니다(데이터는 아래 방향으로 입력합니다). 이 경우 열이 항목이 됩니다. 한 건의 데이터를 레코드라고 부르기도 합니다.

👆 도표 1–10　**스택 형식 데이터(해답용지의 성적을 하나씩 기록한 것)**

학생 번호	과목	점수
1	영어	42
2	영어	56
3	영어	57
4	영어	64
5	영어	71
1	수학	83
2	수학	85
3	수학	66
4	수학	84
5	수학	84

학생 번호 1번의 영어 점수는 42점이다.

학생 번호 1번의 수학 점수는 83점이다.

1회 측정 데이터가 한 행에 입력되어 있다.

여기서 한 건의 데이터란 1회의 측정 데이터를 말합니다. 스택 형식은 같은 학생이라도 영어 점수 데이터와 수학 점수 데이터를 다른 행에 입력합니다. 즉, 영어 답안 용지에서 얻은 성적이 한 건의 데이터이고, 수학 답안 용지에서 얻은 데이터가 또 한 건의 데이터인 것이죠.

스택 형식은 같은 사람의 영어 성적과 수학 성적을 이용하려면 표 안을 여기저 기 찾아야 하므로 데이터 다루기가 편하지만은 않지만, 그럼에도 사용되는 이유는 스택 형식이 아니면 고도의 데이터 분석을 할 수 없는 경우가 있기 때문입니다.

한편, 세로 방향으로 각 데이터의 카테고리를 기술한 듯한 형식을 언스택 형 식이라고 부릅니다. 즉, 교차집계표와 비슷한 형태입니다(집계는 되어있지 않습 니다).

◖ 도표 1-11 언스택 형식 테이터(과목을 나타내는 문자열을 카테고리로 삼은 것)

학생 번호	영어	수학
1	42	83
2	56	85
3	57	66
4	64	84
5	71	54
6	71	71
7	72	70
8	74	79
9	74	94
10	77	67

학생 번호 1번의 영어 점수는 42점, 수학 점수는 83점이다.

복수의 측정 데이터가 한 줄에 입력되어 있다.

도표 1-11은 학생 한 명의 성적이 한 줄에 입력되며 쌓이므로 스택 형식처럼 보 이기도 합니다. 한 줄에 한 건의 데이터가 입력된 것처럼 보이지만, 스택 형식에 서 한 건의 데이터란 한 사람분의 데이터라는 의미가 아닙니다. 어디까지나 1회 측정 데이터가 한 건의 데이터입니다.

도표 1-11과 같은 언스택 형식의 데이터는 같은 사람의 다양한 데이터가 한 줄 에 입력되어 있어 데이터의 대응을 알기 쉽습니다. 실제로 제7장에서는 대응하는

분석 목적·
데이터 형식

도수분포표·
히스토그램

평균값·중앙값
표준편차·분산

순위·편차치
ABC 분석

상관관계·회귀
분석·중회귀분석

시계열
분석

평균값의 차이 검정
·분산의 차이 검정

독립성 검정·
상관·회귀 검정

부록·
용어집

데이터라는 것을 이용하는데, 그 경우는 언스택 형식의 데이터가 훨씬 다루기 쉽습니다.

어쨌든 한 건의 데이터란 무엇인가, 한 행에 입력된 내용이 무엇인가를 알고 있다면, 어떠한 경우라 해도 임기응변으로 대응할 수 있습니다. Excel에서는 스택 형식, 언스택 형식이라는 용어로 데이터 형식을 구별하지 않지만, 이러한 지식은 데이터를 다루는 방법을 이해하는데 필수적입니다.

참고로 스택 형식의 데이터는 Excel의 피벗 테이블을 이용하여 언스택 형식 데이터로 간단히 변환할 수 있습니다(학생 번호를 행에 과목을 열에 점수를 Σ값으로 지정하면 됩니다.)

제 2 장

데이터 분석은
시각화부터 시작하자

도수분포표 · 히스토그램

STORY

영진제과가 타깃으로 하는 고객은 젊은 여성입니다. 상품이나 서비스를 타깃에게 제대로 전달하기 위해서 타깃의 행동을 파악하기로 했습니다. 우선은 인터넷 이용 조사를 통해 고객의 생활을 살펴봅시다.

집단의 전체적인 이미지를 잡으려면?

인터넷을 사용하는 10대부터 90대 남녀 160명을 대상으로 하루 이용 시간을 조사했습니다. 한 건의 데이터를 한 행에 입력하면 되는 거니까 입력하기는 쉬웠어요. 그런데 데이터를 어떻게 정리해야 전체적인 이미지가 보일까요?

분석 목적 · 데이터 형식

도수분포표 · 히스토그램

평균값 · 중앙값 · 표준편차 · 분산

순위 · 편차치 ABC 분석

상관관계 · 회귀 분석 · 중회귀분석

시계열 분석

평균값의 차이 검정 · 분산의 차이 검정

독립성 검정 · 상관 · 회귀 검정

부록 · 용어집

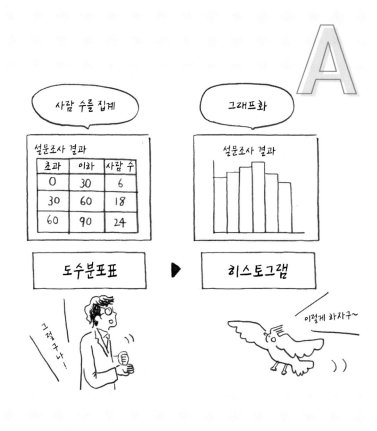

도수분포표 혹은 히스토그램 활용이 열쇠

집단의 전체 이미지를 보려면 도수분포표나 히스토그램을 이용합니다. 도수분포표는 어느 값부터 어느 값까지 사이에 몇 명이 있는가 하는 빈도(도수)를 일람한 것입니다. 사람 수를 일일히 수작업으로 세려는 건 아니시겠죠? Excel 함수를 이용해 집계해 봅시다. 히스토그램은 도수분포표를 그래프화한 것입니다.

2-1 데이터를 구분하면 전체 이미지가 보인다 – 도수분포표 작성

이제부터 데이터를 분석하기 위한 집계와 그래프화 등의 방법을 살펴보겠습니다. 첫걸음은 집단의 전체 이미지를 살펴보기 위한 도수분포표 작성과 히스토그램 작성입니다.

데이터의 개수를 도수라고 하고, 데이터가 몇 개 나타나는가를 빈도라고 합니다. 예를 들어 연봉이 2,000~3,000만원인 사원의 수, 점수가 70~80점인 학생의 수 등이 도수에 해당합니다.

도수분포표는 도수, 즉 데이터의 개수가 어떻게 퍼져 있는가를 표로 나타낸 것입니다. 남성이 몇 명인지, 여성이 몇 명인지처럼 카테고리에 속하는 수를 표로 만든 것이 아니라, 어떤 값의 범위에 포함되는 수를 표로 만든 것입니다. 이러한 각각의 값의 범위를 계급 혹은 구간이라고 부릅니다.

도수분포표로 나타낸 분포를 그래프로 시각화한 것이 히스토그램입니다. 따라서 보다 전체 이미지를 파악하기 쉽습니다. 히스토그램은 2-2에서 살펴보기로 하고, 우선은 데이터 입력부터 그 흐름을 확인합시다.

데이터는 한 행당 한 건씩 입력하는 거였죠? 집계는 음…? 어떻게 하면 되는 거지…

우선 계급 설정부터야. 그래서 그 계급에 몇 명이 있는지 순서대로 세면 도수분포표를 만들 수 있어.

● 도표 2-1 데이터 입력부터 도수분포표, 히스토그램을 만들 때까지의 과정

조사표

인터넷 이용 조사 No. 1
성별: 여성
나이: 55세
시간: 55분

입력

입력 데이터

인터넷 이용 시간 조사(하루당)			
샘플	성별	나이	시간(분)
1	F	55	55
2	M	34	24
3	F	22	240
4	F	53	99
5	M	53	154
6	M	28	98
7	M	47	174

집계

도수분포표

도수분포표		
초과	이하	사람 수
0	30	16
30	60	18
60	90	24
90	120	27
120	150	29
150	180	18
180	210	17
210	240	8

그래프화

히스토그램

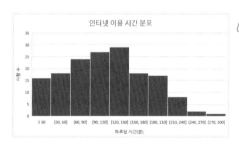

인터넷 이용 시간 분포

작업의 흐름을 확인했으면, 도수분포표를 작성해볼까?

데이터 형식 · 분석 목적

도수분포표 · 히스토그램

평균값 · 중앙값 표준편차 · 분산

순위 · 편차치 ABC 분석

상관관계 · 회귀 분석 · 중회귀분석

시계열 분석

평균값의 차이 검정 · 분산의 차이 검정

독립성 검정 · 상관 · 회귀 검정

부록 · 용어집

035

우선 계급을 설정하자

도수분포표를 작성하려면 우선 계급을 설정해야 합니다. 여기서는 인터넷 이용 시간을 조사한 데이터로 살펴봅시다.

최솟값과 최댓값을 구하고 분포 범위를 알아본다

먼저 이용 시간이 몇 분부터 몇 분까지 분포해 있는지를 알아보기 위해 최 솟값과 최댓값을 구합니다. 이러한 값은 Excel의 MIN 함수와 MAX 함수를 사용하면 쉽게 구할 수 있습니다. 그냥 지나치지 말고 실습 파일 2_1을 사용해 꼭 실제로 시험해 보세요.

통계 레시피
분포의 하한과 상한을 알아봅시다.

방법 | 데이터의 최솟값과 최댓값을 구한다.

이용하는 함수 | MIN 함수, MAX 함수

인터넷 이용 시간은 셀 D4~D163에 입력되어 있으므로 아래와 같이 입력 하면 최솟값과 최댓값을 얻을 수 있습니다.

이제부터 Excel 조작 방법을 살펴볼 거지만, 조작 그 자체가 아니라 생각하는 방법을 확실히 익히는게 좋아. 천천히 진행해보자.

=MIN(D4:D163)

최솟값을 구한다   데이터의 범위

=MAX(D4:D163)

최댓값을 구한다   데이터의 범위

D4:D163은 굉장히 범위가 넓기 때문에 마우스로 드래그해서 범위를 지정하는 것보다 키보드로 직접 D4:D163을 입력하는 게 편할 수 있습니다. 상황에 따라 취향에 따라!

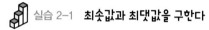

실습 2-1 **최솟값과 최댓값을 구한다**   실습 파일 2_1

① =MIN(D4:D163)을 입력한다.

② =MAX(D4:D163)을 입력한다.

	A	B	C	D	E	F	G	H
1	인터넷 이용 시간 조사(하루당)							
2								
3	샘플	성별	나이	시간(분)		최솟값	최댓값	
4	1	F	55	55		10	287	
5	2	M	34	24				
6	3	F	22	240				
7	4	F	53	99				
8	5	M	53	154				

Point!
최솟값과 최댓값을 구하면, 그 사이를 구분하여
계급을 설정할 수 있어. 무슨 말인지 모르겠다구? 다음 페이지!

최솟값은 10, 최댓값은 287이네요. 이 값을 바탕으로 계급을 설정해 봅시다.

데이터 분석 목적 · 형식

도수분포표 · 히스토그램

평균값 · 표준편차 · 중앙값 · 분산

순위 · 편차치 ABC 분석

상관관계 · 회귀 분석 · 중회귀분석

시계열 분석

평균값의 차이 검정 · 분산의 차이 검정

독립성 검정 상관 · 회귀 검정

부록 · 용어집

계급의 너비, 계급의 수, 경계값을 구한다

딱 떨어지는 수로 계급을 설정한다면 조금 여유를 둬서 0보다 크고 300보다 작거나 같은 범위로 하면 좋습니다. 계급 수가 10개라면 계급의 너비는 30이 되겠죠. 최솟값은 초과의 값이고, 최댓값은 이하의 값이라는 점에 주의합시다.

통계 레시피

도수분포표, 계급의 너비나 계급 수를 정하는 방법을 알아봅시다.

방법 |
- 계급의 너비를 구한다(계급 수가 정해져 있는 경우)

  분포의 최댓값부터 최솟값까지를 계급 수로 나눈다.

  (최댓값 − 최솟값) ÷ 계급 수

- 계급 수를 구한다(계급의 너비가 정해져 있는 경우)

  분포의 최댓값부터 최솟값까지를 계급의 너비로 나눈다.

  (최댓값 − 최솟값) ÷ 계급의 너비

실습 파일 2_2에서 계급구간 너비 값을 요구하는 셀 G7에는 $(300-0) \div 10$ 이라는 식을 세워 답을 알아낼 수 있습니다. 다만 최댓값과 최솟값이 복잡한 다른 상황에서도 계산할 수 있도록 ROUNDUP 함수와 ROUNDDOWN 함수를 사용하는 방법을 알아둡시다.

자릿수를 지정해 원래 값을 기준으로 값을 올림하거나 내림할 수 있습니다.

실습 2-2 계급의 수를 바탕으로 계급의 너비를 구한다 | 실습 파일 2_2

① 10을 입력한다.

② =(ROUNDUP(G4,-2)-ROUNDDOWN(F4,-2))/
  G6을 입력한다.

⊿	A	B	C	D	E	F	G	H
1	인터넷 이용 시간 조사(하루당)							
2								
3	샘플	성별	나이	시간(분)		최솟값	최댓값	
4	1	F	55	55		10	287	
5	2	M	34	24				
6	3	F	22	240		계급구간 수	10	
7	4	F	53	99		계급구간 너비	30	
8	5	M	53	154				

0부터 300까지를 10개의 계급으로 나누면, 계급구간 한 개의 너비는 30이겠지? 단순한 나누기야.

 올림이나 내림의 자릿수를 지정하려면

ROUNDUP 함수나 ROUNDDOWN 함수를 지정하는 자릿수를 n이라고 하면, 10^{-n}의 자리를 구하도록 올림이나 내림을 합니다. 예를 들어 0을 지정하면 10^{0}의 자리인 1의 자리까지 구하고, 2를 지정한다면 10^{-2}의 자리인 소수점 아래 둘째 자리까지 구하는 것입니다. -2라면 10^{2}의 자리, 즉 100의 자리까지 구하게 되겠죠.

다음 실습에서는 계급을 설정합니다. 첫 계급은 인터넷 이용 시간이 0분 초과~30분 이하이며, 다음 계급은 30분 초과~60분 이하입니다. 마지막 계급은 270분 초과~300분 이하가 됩니다.

실습 파일 2_3을 보면, 셀 F11의 값(0)이 계급의 하한이 되고 셀 G11~G20의 값(30~300)이 그 이후 계급의 경계값이 되는 것을 알 수 있습니다. 경계값에 계급의 너비를 더하면 다음 경계값을 구할 수 있습니다!

분석 목적·데이터 형식

도수분포표·히스토그램

평균값·중앙값 표준편차·분산

순위·편차치 ABC 분석

상관관계·회귀 분석·중회귀분석

시계열 분석

평균값의 차이 검정·분산의 차이 검정

독립성 검정·상관, 회귀 검정

부록 용어집

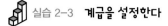

① 0을 입력한다.

② =F11+$G$7을 입력한다.

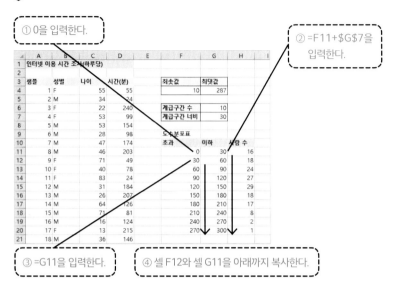

③ =G11을 입력한다.

④ 셀 F12와 셀 G11을 아래까지 복사한다.

셀 G11에 입력한 수식 =F11+$G$7이 무얼 뜻할까요? 이는 최초의 경계 값(셀 F11)에 계급의 너비(셀 G7)를 더한다는 의미입니다. $G$7은 셀 G7을 나타내지만, 열 번호와 행 번호 앞에 $를 붙이고 있으므로 절대 참조가 됩니다. 절대 참조와 상대 참조를 잘 조합해 사용하면 수식을 적절하고도 효율적으로 복사할 수 있습니다. 절대 참조와 상대 참조에 익숙하지 않은 분은 아래의 팁을 참조해 주세요.

 복사해도 수식의 셀 참조가 바뀌지 않도록 하려면

Excel에서는 수식을 복사하면 복사 방향에 맞춰 셀 참조가 변경됩니다. 예를 들어 =A1+B1을 아래 방향으로 복사하면 행 번호가 늘어나서 =A2+B2, =A3+B3…… 라는 식이 됩니다. 그러나 셀 참조의 열 번호나 행 번호의 앞머리에 $를 붙이면, 수식을 복사 해도 셀 참조가 변경되지 않습니다. =$A$1+B1을 아래 방향으로 복사하면 =$A$1+B2, =$A$1+B3…… 로 나아갑니다. $A$1은 변경되지 않는 것이죠. 이처럼 앞머리에 $를 붙인 셀의 지정 방식을 절대 참조라고 하고, B1과 같이 열과 행만을 지정하는 방식을 상대 참조라고 합니다.

분석 목적·
데이터 형식

도수분포표·
히스토그램

평균값·중앙값
표준편차·분산

순위·편차치
ABC 분석

분석·상관관계·회귀분석
중회귀분석

시계열 분석

평균값의 차이 검정
·분산의 차이 검정

상관·회귀 검정
독립성 검정

부록·용어집

도수를 구해서 도수분포표를 완성하자

계급을 설정했으니, 이제는 도수를 구할 차례입니다. 이 예시에서는 사람 수를 집계합니다. 이용 시간이 0을 초과하고 30 이하인 데이터가 몇 개인 지, 30을 초과하고 60 이하인 데이터가 몇 개인지를 순서대로 세어가면 표를 채울 수 있습니다. 수작업으로 세는 방법은 이 책과 어울리지 않겠죠. 함수를 사용합시다. 초과와 이하라는 두 조건에 맞는 데이터의 개수를 구하면 되기 때문에 COUNTIFS 함수를 사용할 수 있습니다.

통계 레시피

도수분포표의 도수를 구해봅시다.

방법 | 각 계급에 해당하는 데이터의 개수를 집계한다.

이용하는 함수 | COUNTIFS 함수

COUNTIFS 함수에 범위와 조건을 몇 가지 지정하면 모든 조건에 일치하는 셀의 개수가 반환됩니다.

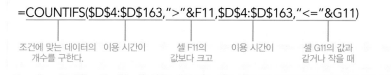

=COUNTIFS($D$4:$D$163,">"&F11,$D$4:$D$163,"<="&G11)

조건에 맞는 데이터의 개수를 구한다. / 이용 시간이 / 셀 F11의 값보다 크고 / 이용 시간이 / 셀 G11의 값과 같거나 작을 때

수식이 상당히 깁니다. F4를 이용해 간편하게 입력할 수 있는 방법이 있습니다. 예를 들어 D4 부분에 커서를 맞추고 F4를 누르면 $D$4로 변환됩니다.

따라서 =COUNTIFS(D4:D163,">"&F11,D4:D163,"<="&G11)를 입력하고 D4와 D163 부분에 커서를 맞춘 뒤 F4를 누릅니다.

 실습 2-4 COUNTIFS 함수를 사용해 도수분포표를 작성한다 | 실습 파일 2_3

	A	B	C	D	E	F	G	H	I
1	인터넷 이용 시간 조사(하루당)								
2									
3	샘플	성별	나이	시간(분)		최솟값	최댓값		
4	1	F	55	55		10	287		
5	2	M	34	24					
6	3	F	22	240		계급구간 수	10		
7	4	F	53	99		계급구간 너비	30		
8	5	M	53	154					
9	6	M	28	98		도수분포표			
10	7	M	47	174		초과	이하	사람 수	
11	8	M	46	203		0	30	16	
12	9	F	71	49		30	60	18	
13	10	F	40	78		60	90	24	
14	11	F	83	24		90	120	27	
15	12	M	31	184		120	150	29	
16	13	M	26	207		150	180	18	
17	14	M	64	126		180	210	17	
18	15	M	71	81		210	240	8	
19	16	M	16	124		240	270	2	
20	17	F	13	215		270	300	1	
21	18	M	36	146					

① =COUNTIFS($D$4:$D$163,">"&F11,$D$4:$D$163,"<="&G11)을 입력한다.

② 셀 H11을 아래까지 복사한다.

셀 H11에 입력한 COUNTIFS 함수에서는 0보다 크다라는 조건을 ">0"가 아니라 ">"&F11로 지정합니다. &는 문자열을 연결하는 연산자여서 ">"라는 문자열과 셀 F11의 내용을 연결한다는 의미입니다. 이렇게 값이 바뀔 가능성이 있는 부분을 셀 참조 해두면 값이 바뀌더라도 수식 자체를 변경할 필요가 없습니다. 또 셀 H12 이후에도 수식을 복사해서 입력할 수 있으므로 수식을 입력하는 수고를 줄일 수 있습니다.

 문자열을 연결하려면

& 연산자를 사용합니다. ="Excel"&"2016"를 입력하면 Excel2016이라는 문자열을 반환하지만, =">"&F11을 입력하면 ">" 문자와 셀 F11에 입력된 문자가 연결됩니다. 실습 파일 2_3에서 예를 들면 셀 F11에 0이 입력되어 있으므로 >0이라는 문자열이 반환됩니다.

데이터 형식 · 분석 목적

도수분포표 · 히스토그램

평균값 · 중앙값 표준편차 · 분산

순위 · 편차치 ABC 분석

상관관계 · 회귀 분석 · 중회귀분석

시계열 분석

평균값의 차이 · 분산의 차이 검정

독립성 검정 상관 · 회귀 검정

용어집 부록 ·

따로따로 볼 수밖에 없던 데이터를 도수분포표로 만드니 대략적인 경향이 보이기 시작했습니다. 웹 페이지를 만들거나 광고를 하기 위해서는 성별이나 나이, 이용하는 서비스 등을 자세히 살펴볼 필요가 있으나, 그 전 단계로써 전체적인 이미지를 파악하는데 도움이 됩니다.

계급의 수를 결정하는 기준은 무엇인가?

계급을 나누는 방법에 정해진 규칙은 없지만, 스터지스의 공식을 사용하면 대략적인 기준을 얻을 수 있습니다. 스터지스의 공식은 아래와 같습니다.

$$1 + \frac{\log_{10}n}{\log_{10}2}$$

(n은 데이터의 수, 소수점 이하 올림)

실습 파일 2_3의 어느 한 셀에 =ROUNDUP(1+LOG10(COUNT(D4:D163))/LOG10(2),0)를 입력하면 9라는 값을 얻을 수 있습니다. 이 9라는 값이 계급을 나누는 대략적인 기준입니다. 다만 여기서는 경계값을 딱 떨어지는 값으로 하기 위해 계급을 10개로 나누었습니다.

> 도수분포표를 보면 인터넷을 60~150분가량 사용하는 사람이 많네요.

지식➕더하기

함수를 이용해 순식간에 도수분포표 만들기

Excel에는 도수분포표를 만들기 위한 FREQUENCY 함수가 준비되어 있습니다. FREQUENCY 함수를 배열 수식으로 입력하면 간단하게 도수분포표를 만들 수 있습니다.

=FREQUENCY(D4:D163,G11:G19)

도수분포표를 작성한다 이용 시간을 바탕으로 이 계급을 사용해서

배열 수식은 복수의 계산을 하나의 수식으로 실행하거나 하나의 수식으로 복수의 결과를 구할 수 있습니다. 복수의 결과를 구할 때는 실습 2_5처럼 결과를 표시하고 싶은 셀의 범위를 미리 선택해둡니다. 계속해서 함수를 입력하다가 끝을 맺을 때 Enter가 아니라 Ctrl+Shift+Enter를 누릅니다.

 실습 2-5 **FREQUENCY 함수를 사용해 도수분포표를 작성한다**

실습 파일 2_c1

▲	A	B	C	D	E	F	G	H	I
1	인터넷 이용 시간 조사(하루당)								
2									
3	샘플	성별	나이	시간(분)		최솟값	최댓값		
4	1	F	55	55			10	287	① 셀 H11~H20을 미리 선택한다.
5	2	M	34	24					
6	3	F	22	240		계급구간 수		10	
7	4	F	53	99		계급구간 너비		30	
8	5	M	53	154					
9	6	M	28	98		도수분포표			
10	7	M	47	174		초과	이하	사람 수	
11	8	M	46	203		0	30		
12	9	F	71	49		30	60		
13	10	F	40	78		60	90		
14	11	F	83	24		90	120		
15	12	M	31	184		120	150		
16	13	M	26	207		150	180		
17	14	M	64	126		180	210		
18	15	M	71	81		210	240		
19	16	M	16	124		240	270		
20	17	F	13	215		270	300		
21	18	M	36	146					

② =FREQUENCY(D4:D163,G11:G19)를 입력하고, 끝맺음에 Ctrl+Shift+Enter를 누른다.

FREQUENCY 함수는 첫 번째 인수에 데이터 범위를 지정하고, 두 번째 인수에 계급 범위를 지정합니다. 계급 범위는 각 계급의 최댓값이 입력된 셀 범위를 지정하지만, 마지막 계급은 지정하지 않아도 상관없습니다. 여기서는 계급의 최댓값이 셀 G11~G20에 입력되어 있어서 FREQUENCY 함수의 인수로 G11:G19를 지정했습니다.

2-2 전체 이미지를 시각화하여 특징을 잡자 – 히스토그램 작성

분석 목적 · 데이터 형식

도수분포표 · 히스토그램

평균값 · 중앙값 표준편차 · 분산

순위 · 편차치 ABC 분석

상관관계 · 회귀 분석 · 중회귀분석

시계열 분석

평균값의 차이 검정 · 분산의 차이 검정

독립성 검정 · 상관 회귀 검정

부록 · 용어집

도수분포표를 그래프화한 것이 히스토그램입니다. 히스토그램은 막대그래프와 비슷하지만, 일반적으로 막대와 막대 사이에 공간을 넣지 않으며 세로축은 도수, 가로축은 계급을 나타냅니다.

도표 2-2 인터넷 이용 시간 분포를 나타내는 히스토그램

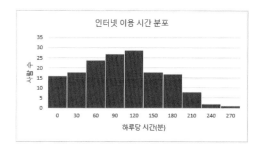

통계 레시피

히스토그램을 작성해봅시다.

방법 | Excel 2013까지는 막대그래프의 막대와 막대 간격을 0으로 하여 히스토그램을 작성하고, Excel 2016부터는 도수분포표를 만들지 않고서도 원래의 데이터를 사용해 히스토그램을 작성합니다.

Excel 2016 이후 버전으로 히스토그램을 작성하려면

미리 제목을 포함한 데이터를 선택한 채로 히스토그램을 만들면 보다 과정이 간단해집니다. 도수분포표가 아니라 원래의 데이터를 선택합니다.

실습 2-6 Excel 2016에서 히스토그램을 작성한다 | 실습 파일 2_3

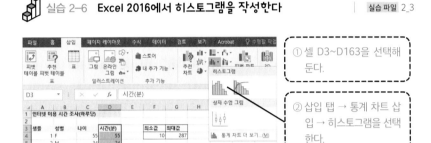

① 셀 D3~D163을 선택해 둔다.

② 삽입 탭 → 통계 차트 삽입 → 히스토그램을 선택한다.

히스토그램을 선택하면 계급이 자동으로 설정된 채 삽입됩니다.

계급의 너비와 계급의 수를 바꾼다

자동으로 설정된 계급 설정을 변경해봅시다. 계급의 너비나 수는 가로축을 우클릭하여 나타나는 축 서식에서 변경합니다. 여기서는 계급을 계급구간이라고 표기하고 있으니 참고하세요. 실습 2-6의 히스토그램의 축 서식을 보면 계급구간의 너비가 39, 계급구간 수가 8이라는 것과 첫 번째 계급이 10부터 시작된다는 걸 알 수 있습니다. (계급구간 너비 등의 수치가 보이지 않는 경우는 축 서식 설정창이 가려져 있기 때문입니다. 축 서식 창의 크기를 늘리면 나타납니다.)

이제 계급 설정을 변경해봅시다. 계급구간의 너비를 30으로 변경하면 계급구간 수는 자동으로 10이 되는데, 서로 연동되어 있으므로 계급구간의 수를 먼저 10으로 지정해도 자동으로 계급구간의 너비가 30이 됩니다.

오버플로나 언더플로는 도수의 끝 계급을 정리하기 위해서 지정합니다. 여기서는 첫 번째 계급을 30 이하로 하기 위해서 언더플로 계급구간에 30 을 지정합시다.

 실습 2-7 히스토그램의 계급을 변경한다

실습 파일 2_3

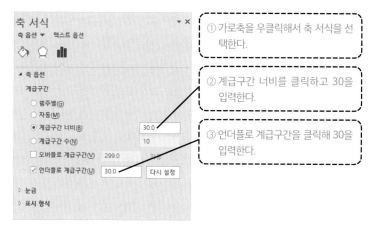

① 가로축을 우클릭해서 축 서식을 선택한다.

② 계급구간 너비를 클릭하고 30을 입력한다.

③ 언더플로 계급구간을 클릭해 30을 입력한다.

추가로 제목을 설정하거나 좋아하는 색으로 채우면 히스토그램 완성!

● 도표 2-3 **완성된 히스토그램 (Excel 2016)**

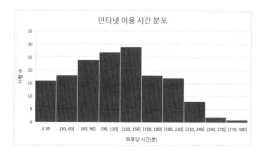

도수분포표의 수치도 중요하지만, 히스토그램으로 보면 확실히 파악하기 쉽네요.

맞아. 샘플이 어느 계급 부근에 집중되어 있는지를 한 눈에 볼 수 있지!

Excel 2013 이전 버전으로 히스토그램을 작성하려면

Excel 2013에서 히스토그램을 작성하려면 막대그래프를 만든 뒤 막대의 간격을 '0'으로 설정해야 합니다. 처음에 도수분포표의 도수 부분을 제목부터 선택해두면 절차가 줄어듭니다.

 실습 2-8 Excel 2013으로 히스토그램을 작성한다 | 실습 파일 2_3

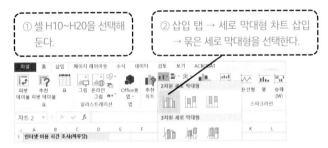

① 셀 H10~H20을 선택해 둔다.

② 삽입 탭 → 세로 막대형 차트 삽입 → 묶은 세로 막대형을 선택한다.

이렇게 막대그래프를 작성한 뒤 막대의 간격을 0으로 지정합니다.

분석 목적·
데이터 형식

도수분포표·
히스토그램

평균값·중앙값
표준편차·분산

소위·편차치
ABC 분석

상관관계·회귀
분석·중회귀분석

시계열 분석

평균값의 차이 검정
·분산의 차이 검정

상관·회귀 검정·
독립성 검정

부록·
용어집

실습 2-9 **간격 너비를 '0'으로 한다** | 실습 파일 2_3

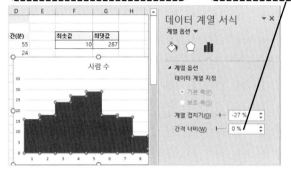

① 그래프의 막대(데이터 계열)를 우클릭
해서 데이터 계열 서식을 선택한다.

② 간격 너비에 0%를
입력한다.

　　기본적인 형태의 히스토그램을 만들어봤습니다. 조금 더 세부적으로 다듬
어야 하지만요. 가로(항목)축의 레이블이 1, 2, 3… 으로 표시되어 있는데,
여기에 계급의 경계값을 표시하려면 축 레이블의 범위 설정이 필요합니다.

실습 2-10　가로(항목)축 레이블에 경계값을 표시한다　　　| 실습 파일 2_3

① 차트 도구의 디자인 탭 →
데이터 선택을 클릭한다.

② 가로(항목) 축 레이블의
편집 버튼을 클릭한다.

③ 축 레이블의 범위로 셀
F11~F20을 지정한다.

　　제목이나 채우기 색상, 테두리 색 등의 세세한 서식을 갖추면 히스토그램
완성입니다.

🌑 도표 2-4　**완성한 히스토그램(Excel 2013)**

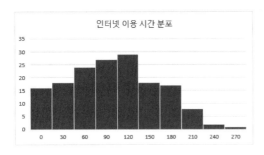

분석 목적 · 데이터 형식

도수분포표 · 히스토그램

평균값 · 중앙값 표준편차 · 분산

순위 · 편차치 ABC 분석

분석 · 중회귀분석 상관관계 · 회귀

시계열 분석

평균값의 차이 검정 · 분산의 차이 검정

상관 · 회귀 검정 독립성 검정

부록 · 용어집

지식+ 더하기

계급 설정에 따라 히스토그램의 인상이 바뀐다

히스토그램으로 대략적인 전체 분포를 파악할 수 있습니다. 어느 계급에 많은 사람이 있는지, 값이 어느 범위에 퍼져 있는지 등을 알 수 있기 때문에 영업 방침 결정이나 전략 수립의 기초 자료로 사용할 수 있습니다. 하지만, 같은 데이터라도 계급의 너비나 수가 다른 히스토그램은 전혀 다른 인상을 주기도 한다는 걸 유의해주세요. 아래의 도표는 계급의 너비를 20, 계급의 수를 15로 했을 때의 히스토그램입니다.

🌙 **도표 2-5　계급의 너비와 수를 바꿔 작성한 히스토그램**

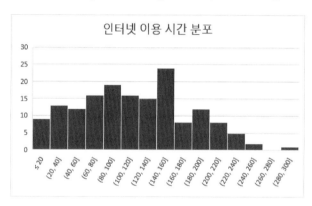

계급을 세세하게 나누면 불규칙한 데이터나 뜻밖의 특징을 알게 되는 경우도 있습니다. 다만 이러한 문제의식을 가지고 있다 해도 이 단계에서는 너무 세세한 점에 시선을 빼앗기지 않도록 합시다. 먼저 전체적인 이미지를 잡으세요. 그 후에 조금씩 나누어서 살펴보는 것이 좋습니다(예를 들어 다음은 성별에 따른 차이를 조사하는 등).

제 3 장

라이벌과의 차이는
수치로 나타내자

평균값 · 중앙값 · 표준편차 · 분산

STORY

최윤정 선배가 간식인 영진 사브레를 전부 먹어 치우고서는 "뭔가 독특한 맛이네."라고 말했습니다. 차바울 주임은 '맛있는데…'라고 생각하면서도 사브레가 다른 고객들에게는 어떤 평가를 받는지 신경이 쓰입니다.

자사 제품과 타사 제품의 평가를 비교하려면?

차바울 주임은 최윤정 선배와 있었던 일뿐 아니라, 영업부 동기들에게 자주 듣는 "차이를 수치로 보고 싶다."라는 말도 신경이 쓰여 영진 사브레와 타사 사브레의 맛을 비교 · 분석하기로 결심했습니다. 고객에게 영진 사브레는 어떤 평가를 받고 있을까요?

분석 목적 · 데이터 형식

도수분포표 · 히스토그램

평균값 · 중앙값 표준편차 · 분산

순위 · 편차치 ABC 분석

상관관계 · 회귀 분석 · 중회귀분석

시계열 분석

평균값의 차이 검정 · 분산의 차이 검정

독립성 검정 · 상관 · 회귀 검정

부록 · 용어집

집단의 특징은 수치로 나타낼 수 있다!

집단의 특징을 수치로 표현하는 방법으로는 평균이 가장 일반적입니다. 혹 데이터가 퍼져 있는 상태를 표현할 때는 표준편차나 분산을 사용합니다. 그러나 특징을 단 하나의 수치로 표현하는 것은 위험한 일일 수 있습니다. 단순 비교를 할 때에도 여러 애로사항이 발생할 수 있죠. 계산 자체는 간단하므로 함정에 주의하며 분석을 진행합시다.

3-1 대푯값을 사용해 집단의 특징을 수치로 나타내자

제2장에서는 조사 대상자의 전체 이미지를 살펴보기 위한 도수분포표와 히스토그램을 만들었습니다. 이번 장에서는 집단의 특징을 어떻게 수치로 표현할지 생각해봅시다. 그런 수치 중에 가장 많이 쓰이는 건 단연코 평균 값일 겁니다.

평균값과 같이 집단의 특징을 나타내는 값을 대푯값이라고 합니다. 일반 적으로 평균값이라 불리는 것은 산술 평균 혹은 상가 평균입니다.

평균이라면 누구나 알고 있는 거지만, 제대로 사용하고 있을까?

평가의 차이를 평균값으로 비교한다

통계 레시피

평균값(산술 평균)을 구해봅시다.

방법 | AVERAGE 함수 인수에 데이터 범위를 지정한다.

이용하는 함수 | AVERAGE 함수

단순히 평균값을 구하는 것만으로는 그것이 큰 값인지 작은 값인지 평가 할 수 없습니다. 영진 사브레와 타사 사브레의 차이나 남성과 여성의 평가

데이터 형식 · 분석 목적

히스토그램 · 도수분포표

평균값 · 중앙값 표준편차 · 분산

순위 · 편차치 ABC 분석

상관관계 · 회귀 분석 · 중회귀분석

시계열 분석

평균값의 차이 검정 · 분산의 차이 검정

독립성 검정 · 상관 · 회귀 검정

부록 · 용어집

차이를 조사해봅시다.

평균값을 구한다

실습 파일 3_1의 데이터는 회사의 주력 상품인 영진 사브레와 타사 라이벌 상품의 맛을 남녀 20명에게 평가받은 결과입니다. 10점 미만의 점수로 평가하며, 셀 C4~C23, 셀 D4~D23에 입력되어 있습니다. 평균값을 구하기 위해 사용하는 AVERAGE 함수는 기본 중의 기본이라 다들 알 수도 있겠지만, 워밍업이라 생각하고 진행해봅시다.

=AVERAGE(C4:C23)

평균값을 구한다 ⌐ 데이터의 범위

 실습 3-1 **자사 상품과 경합하는 상품을 평가한 데이터의 평균값을 구한다**

| 실습 파일 3_1

① 셀 C24에 =AVERAGE(C4:C23)을 입력한다.

② 셀 C24를 오른쪽으로 복사한다.

	A	B	C	D	E
1			과자의 맛 비교 결과		
2					
3	샘플	성별	영진 사브레	타사 사브레	
4	1	F	2	7	
5	2	M	5	6	
6	3	F	8	6	
	4	M	7	5	
21			9	4	
22	19	F	3	6	
23	20	M	8	7	
24		평균값	6.35	6.1	
25					

 평균값은 모든 값을 더해서 개수로 나눈 값이야. 합계(Σ) 버튼을 사용해도 AVERAGE 함수를 입력할 수 있어.

결과는 어떤가요? 영진 사브레의 평가가 더 높긴 하지만, 별로 차이가 나지 않습니다. 그러나 아직 결론을 서두르지 말고 조금 더 살펴봅시다(자세한 분석에 관해서는 186p에서 살펴보겠습니다).

성별에 따라 평가가 어떻게 다른지 살펴보자

과자의 평가를 조금 더 자세히 살펴봅시다. 영진제과가 메인 타깃으로 삼은 것은 젊은 여성 고객입니다. 그러므로 성별에 따른 평가 차이를 살펴봐도 좋을 거 같네요. 여성의 평균값만 구하려면 성별로 정렬한 후에 평균값을 구해도 상관없지만, AVERAGEIF 함수를 사용하면 '조건과 일치하는 데이터의 평균값'을 구할 수 있으므로 원래 데이터를 그대로 사용할 수 있습니다.

통계 레시피

조건과 일치하는 데이터만으로 평균값(산술 평균)을 구해봅시다.

방법 | AVERAGEIF 함수 인수에 조건의 범위, 조건, 데이터의 범위를 지정한다.

이용하는 함수 | AVERAGEIF 함수

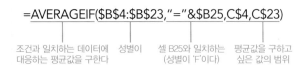

=AVERAGEIF($B$4:$B$23,"="&$B25,C$4,C$23)

조건과 일치하는 데이터에 대응하는 평균값을 구한다 성별이 셀 B25와 일치하는 (성별이 'F'이다) 평균값을 구하고 싶은 값의 범위

분석 목적·데이터 형식

도수분포표·히스토그램

평균값·표준편차·중앙값·분산

순위·편차치 ABC 분석

상관관계·회귀분석 중회귀분석

시계열 분석

평균값의 차이 검정·분산의 차이 검정

독립성 검정·상관·회귀 검정

부록·용어집

아래의 표에서 성별 F는 여성, M은 남성을 나타냅니다. 조건으로 =F나 =M을 지정하는 것이 아니라, 셀에 입력된 값을 사용해 절대 참조와 상대 참조를 잘 조합하면 수식을 복사해서 입력할 수 있습니다. 절대 참조와 상대 참조의 의미나 지정 방법에 관해서는 40p의 Tips를 참고해주세요.

 실습 3-2 **남녀별로 평균값을 구한다** | 실습 파일 3_2

① =AVERAGEIF($B$4:$B$23, "="&$B25,C$4:C$23) 입력

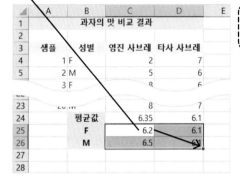

② 셀 C25를 남은 셀로 복사

 영진 사브레가 오히려 여성보다 남성에게 인기가 있는데? 차이는 근소하지만….

차이가 있다고 말하기 어려운 수준의 값이지만, 오히려 남성에게 높은 평가를 얻었으며 타깃인 여성에게 특별한 지지를 받은 것도 아닙니다. 추가적인 분석을 통해 상품 개발이나 광고·영업 전략을 다듬을 필요가 있습니다.

평균값에도 종류가 있다는 게 사실인가요?

평균값에는 지금까지 살펴본 산술 평균(상가 평균) 외에 기하 평균(상승 평균)과 조화 평균이 있습니다. 기하 평균은 모든 값을 곱한 뒤 그 개수의 거듭제곱근을 구한 것입니다. 예를 들어 3, 5, 20이라는 데이터가 있다면, $\sqrt[3]{3 \times 5 \times 20}$이 기하 평균이 됩니다. Excel에서는 GEOMEAN 함수를 사용해 구할 수 있습니다. 기하 평균은 크게 차이 나는 값의 영향을 받기 어렵다는 성질이 있습니다.

조화 평균은 통계에서는 잘 쓰이지 않지만, 속도의 평균 등을 구하는데 사용합니다. 조화 평균을 구하려면 각 데이터의 역수를 더한 뒤 개수로 나누고 그 역수를 구합니다. 계산 방법은 다소 복잡하지만, Excel에서는 HARMEAN 함수로 간단히 구할 수 있습니다. 예를 들어 시속 10km로 20km를 달린 후, 시속 5km로 20km를 달리면 걸린 시간은 20÷10+20÷5=6시간입니다. 전체 40km를 6시간 동안 달렸으므로 평균 시속은 40÷6=6.67이 됩니다. 이 값은 HARMEAN 함수로 구해도 동일합니다. 산술 평균 (10+5)÷2=7.5는 평균 속도와 일치하지 않습니다.

=GEOMEAN(B2:B4)

기하 평균(상승 평균)을 구한다   데이터의 범위

=HARMEAN(F3:F4)

조화 평균을 구한다   데이터의 범위

실습 3-3 기하 평균과 조화 평균을 구한다 | 실습 파일 3_c1

① =GEOMEAN(B2:B4)를 입력 ② =HARMEAN(F3:F4)를 입력

	A	B	C	D	E	F	G	H
1	기하평균의 예			조화평균의 예				
2		3		구간	거리	시속	시간	
3		5		1	20	10	2	
4		20		2	20	5	4	
5	기하평균	6.69		전체	40	6.66667	6	
6								

중앙값이 대푯값에 적합한 경우도 있다

　많은 사람에게 익숙한 평균값. 그러나 만능은 아닙니다. 평균값은 크게 차이나는 값의 영향을 받기 쉽다는 함정이 있습니다. 예를 들어 연봉 데이터에는 크게 차이 나는 값이 포함되는 경우가 잦습니다. 아래의 예시를 통해 살펴봅시다.

실습 3-4 크게 차이 나는 값이 있는 경우의 평균값 | 실습 파일 3_3

=AVERAGE(B4:B11)을 입력

	A	B	C
1	평균 연봉을 구한다		
2			
3	샘플	연봉	
4	A	2,100	
5	B	2,300	
6	C	3,000	
7	D	2,250	
8	E	4,100	
9	F	3,200	
10	G	2,800	
11	H	10,000	
12	평균값	3,719	
13	중앙값		

061

연봉이 높은 사람 한 명 때문에 평균 연봉이 3,719만원이 되었습니다. H 와 E를 제외한 모든 사람의 연봉이 평균을 넘지 못하는데 말이죠. 8명 중 6 명이 평균 연봉을 받지 못하고 있는 이 결과에 대부분의 사원은 납득하지 못할 겁니다. 이런 경우 평균값을 대푯값으로 삼기에는 무리가 있다고 판단 할 수 있겠죠.

분포가 편중되어 있거나, 크게 차이나는 값의 영향이 클 경우에는 평균값 대신에 중앙값을 사용하기도 합니다.

통계 레시피
분포가 편향되어 있을 때의 대푯값을 구해봅시다.

방법 | 데이터를 순서대로 나열했을 때 중앙에 있는 값(중앙값)을 구한다.
이용하는 함수 | MEDIAN 함수

중앙값을 구한다

중앙값이란 값을 작거나 큰 순서대로 나열했을 때 딱 중앙에 있는 값입니 다. 데이터의 건수가 짝수라면 정중앙에 2개의 값이 있으므로 그럴 때는 두 값의 평균을 중앙값으로 합니다.

◑ 도표 3-1 **중앙값을 구하는 방법과 평균값과의 차이**

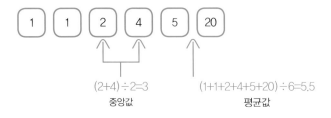

```
=MEDIAN(B4:B11)
```
중앙값을 구한다   데이터의 범위

MEDIAN 함수의 인수에는 데이터 범위를 지정하기만 하면 됩니다. 직접 실습해봅시다.

 실습 3-5   **MEDIAN 함수에서 중앙값을 구한다** | 실습 파일 3_3

=MEDIAN(B4:B11)을 입력한다.

	A	B	C
1	평균 연봉을 구한다		
2			
3	샘플	연봉	
4	A	2,100	
5	B	2,300	
6	C	3,000	
7	D	2,250	
8	E	4,100	
9	F	3,200	
10	G	2,800	
11	H	10,000	
12	평균값	3,719	
13	중앙값	2,900	
14			

 확실히 중앙값이 대푯값에 더 적합해 보이는데?

중앙값은 2,900만원이네요. 이 값은 어느 정도 납득할만하지 않은가요?

분석 목적 · 데이터 형식

도수분포표 · 히스토그램

평균값 · 중앙값 표준편차 · 분산

순위 · 편차치 ABC 분석

상관관계 · 회귀분석 분석 · 중회귀분석

시계열 분석

평균값의 차이 검정 · 분산의 차이 검정

독립성 검정 · 상관, 회귀 검정

부록 · 용어집

최빈값도 대푯값으로 사용된다

평균값이나 중앙값 말고도 대푯값으로 사용되는 값이 있습니다. 가장 자주 나타나는 값인 최빈값입니다. 주사위의 눈처럼 값이 드문드문 나타나는 경우(이산분포)는 MODE.SNGL 함수나 MODE.MULT 함수로 최빈값을 구합니다.

통계 레시피

가장 자주 나타나는 값을 대푯값으로?

방법 | 이산분포는 MODE.SNGL 함수나 MODE.MULT 함수로 최빈값을 구하고, 연속분포는 히스토그램에서 가장 높은 봉우리의 계급값을 최빈값으로 삼는다.

이용하는 함수 | MODE.SNGL 함수, MODE.MULT 함수

=MODE.SNGL(A2:A8)
최초의 최빈값을 구한다   데이터의 범위

=MODE.MULT(A2:A8)
최초의 최빈값을 구한다   데이터의 범위

실습 파일 3_4의 A열에 입력된 값 중 가장 많이 나타난 값은 2와 4입니다. MODE.SNGL 함수로 최초로 발견된 최빈값을 구할 수 있습니다. 한편 MODE.MULT 함수로는 모든 최빈값을 구할 수 있습니다. 여러 값을 구하므로 MODE.MULT 함수는 배열 수식으로 입력합니다.

분석 목적 · 데이터 형식

도수분포표 · 히스토그램

평균값 · 표준편차 · 중앙값 · 분산

순위 · ABC 분석 · 편차치

분석 · 중회귀분석 · 상관관계 · 회귀

시계열 분석

평균값의 차이 검정 · 분산의 차이 검정

상관 · 회귀 검정 · 독립성 검정

부록 · 용어집

실습 3-6 MODE.SNGL 함수나 MODE.MULT 함수를 사용해서 최빈값을 구한다

실습 파일 3_4

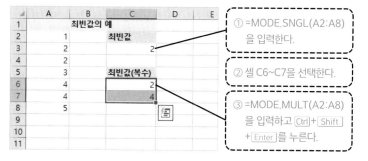

① =MODE.SNGL(A2:A8)을 입력한다.

② 셀 C6~C7을 선택한다.

③ =MODE.MULT(A2:A8)을 입력하고 Ctrl + Shift + Enter 를 누른다.

키나 체중처럼 값이 수직선상 하나가 되는 경우(연속분포), 같은 값이 여러 개 나타나는 일이 드물기 때문에 MODE.SNGL 함수나 MODE.MULT 함수는 사용할 수 없습니다. 이럴 때는 히스토그램에서 가장 높은 봉우리의 계급값을 최빈값으로 합니다. 계급값은 하한과 상한의 평균값입니다. 아래 인터넷 이용 시간의 히스토그램을 예로 들면 120~150의 막대가 가장 높으므로 최빈값은 (120+150)÷2=135가 됩니다.

● 도표 3-2 값이 띄엄띄엄 떨어져 있지 않으면 히스토그램의 가장 높은 봉우리를 최빈값으로 삼는다

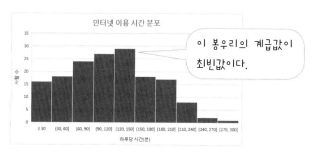

이 봉우리의 계급값이 최빈값이다.

3-2 그래프화에 의한 시각화의 함정

매출 규모나 평균값을 비교하려면 막대그래프로 시각화하면 더할나위 없습니다. 많이들 익숙한 그래프이지만, 의외의 함정이 도사리고 있으므로 주의가 필요합니다.

> 막대그래프? 그게 뭐 특별한 건가요? 항상 쓰던 거라서요.

> 그래, Excel로 간단하게 만들 수 있지. 하지만 적절하지 않은 경우도 많으니 주의해야 해.

그래프는 눈금 표시법에 따라 인상이 바뀐다

통계 레시피

수량이나 규모, 평균값 등을 시각적으로 비교해봅시다.

방법 | 막대그래프를 작성한다.

유의점 | 눈금 표시법이나 값의 기준을 고려한다.

실습 3-1에서 사용했던 데이터로 막대그래프를 작성해봅시다.

그래프화하는 데이터는 평균값이므로 원래의 데이터 전체가 아니라 평균값이 입력된 셀을 선택합니다. 작성할 그래프는 묶은 세로 막대그래프입니다.

데이터 형식 · 분석 목적

도수분포표 · 히스토그램

평균값 · 중앙값 · 표준편차 · 분산

순위 · 편차치 ABC 분석

상관관계 · 회귀 분석 · 중회귀분석

시계열 분석

평균값의 차이 검정 · 분산의 차이 검정

독립성 검정 · 상관 · 회귀 검정

부록 용어집

 실습 3-7 **자사 상품과 경쟁 상품의 평가를 그래프화한다** | 실습 파일 3_5

① 셀 C3~D3을 드래그하여 선택한다.

② Ctrl 을 누른 채로 셀 C24~D24를 드래그해 선택한다.

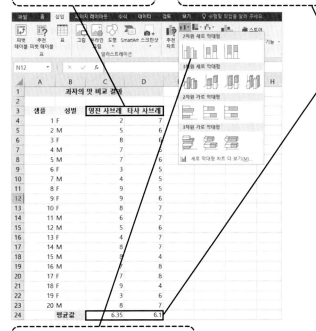

③ 삽입 탭 → 세로 또는 가로 막대형 차트 삽입 → 묶은 세로 막대형을 선택한다.

 떨어져 있는 범위를 선택하려면

첫 범위를 드래그해서 선택한 뒤 Ctrl 을 누르면서 다음 범위를 드래그하여 선택합니다.

묶은 세로 막대형을 선택하면 자동으로 막대그래프가 작성됩니다. 다음 페이지의 도표 3-3은 작성된 상태에서 제목만 변경한 것입니다.

🌙 도표 3-3 **자사 상품과 경쟁 상품의 평가를 그래프화한 결과**

그래프만 봐서는 영진 사브레의 평가가 상당히 높은 것처럼 보이지만, 사실 눈금 수치의 차이로 만든 속임수입니다. Excel에서는 별도의 지정을 하지 않고서 그래프를 만들면, 필요 이상으로 차이가 강조되는 경우가 있습니다.

수치(세로)축의 눈금을 자세히 보면, 최솟값이 5.95, 최댓값이 6.4로 고작 0.45 차이를 길게 늘어뜨려 놓았습니다. 그래서 영진 사브레의 평가(6.35)와 타사 사브레의 평가(6.1)의 차이(0.25)도 필요 이상으로 과장되어 표시된 겁니다. 이 그래프를 사용해 "이만큼 차이가 있습니다."라고 주장해도 "그건 속임수잖아."라는 말을 듣게 되겠죠. 그러니 제대로된 그래프를 위해 눈금 설정을 변경해봅시다.

실습 3-8 눈금의 최솟값과 최댓값을 변경한다

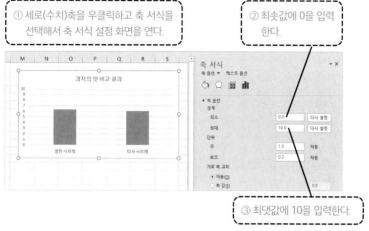

① 세로(수치)축을 우클릭하고 축 서식을 선택해서 축 서식 설정 화면을 연다.

② 최솟값에 0을 입력한다.

③ 최댓값에 10을 입력한다.

역시! 거의 차이가 없는 게 맞지.

눈금의 최솟값과 최댓값을 변경한 실습 3-8의 그래프가 더 타당하지 않을까요? 실제로 제7장에서 설명하는 t검정을 실시하면 차이가 있다고 할 수는 없다라는 결과가 나옵니다. 평균값의 차이가 오차 레벨이라고 생각할만한 정도입니다.

물론, 이는 통계적인 것입니다. 기업 활동의 관점에서는 경쟁사 상품보다 낮은 평가를 받고 싶지도 않을 뿐더러, 얼마 되지 않는 차이라도 어떤 기능을 할지 모릅니다. 혹은 다음과 같은 제안을 할 수도 있겠죠. "통계에 차이가 없습니다. 우위를 위한 방안이 필요합니다."

그래프 배후에 숨겨진 것을 보다

눈금 표시 방법에 따라 그래프가 달라지는 걸 확인하셨죠? 그뿐만 아니라 어떤 기준으로 수치를 다루느냐에 따라서도 인상이 달라지므로 주의가 필요합니다. 예를 들어 지점별 매출 집계표를 그래프화했다고 합시다. 아래 그래프는 A열과 E열을 사용해 만든 제1사분기(1Q)의 합계 그래프입니다.

● 도표 3-4 **자사 상품과 경쟁 상품의 평가를 그래프화한 결과**

이 그래프를 제시하면 울산 지점 영업 담당자는 다소 어깨가 처질 수도 있겠지만, 애초에 시장 규모가 다르다는 포인트가 있습니다. 예를 들어 담당자 수가 부산 본점이 5명, 울산 지점이 2명이라면 어떨까요? 한 명당 제1분기 매출액은 부산 본점이 9,200만 원, 울산 지점이 9,700만 원이므로 울산 지점이 효과적인 영업을 하는 것처럼 보입니다. 하지만 부산 본점에서는 각 지점을 총괄하기 위한 간접 업무를 수행하고 있다면 어떨까요? 무조건 부산 본점의 영업 효율이 낮다고 할 수는 없겠죠.

즉, 표면적으로 나타난 수치만으로 판단하는 것이 아니라 왜 그러한 값이 나왔는지도 제대로 분석할 필요가 있습니다. 이야기가 조금 빗나갔지만, 값의 추이를 살피는 것도 중요합니다. 도표 3-5는 매달 매출액을 그래프화한 것입니다. 시간 추이를 살펴보기 때문에 그래프 종류로는 꺾은선 그래프가 적합합니다.

분석 목적 · 데이터 형식

도수분포표 · 히스토그램

평균값 · 표준편차 · 중앙값 · 분산

순위 · 편차치 ABC 분석

분석 · 상관관계 · 회귀 · 중회귀분석

시계열 분석

평균값의 차이 검정 · 분산의 차이 검정

독립성 검정 · 상관, 회귀 검정

부록 · 용어집

● 도표 3-5 **지점별 월간 매출 추이**

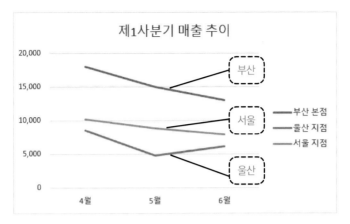

　그래프를 보면 부산 본점과 서울 지점의 5월, 6월 매상이 떨어지고 있는데 반해 울산 지점은 6월에 회복세를 보이고 있습니다. 이것만 보고서 '울산 지점은 열심인가 보네. 부산 본점과 서울 지점은 분발해야겠는데.'라고 생각하는 것은 삼가야 합니다. 고객 담당 범위가 바뀌었을지도 모르고, 울산 지점에서 6월에 큰 이벤트를 열었을 수도 있죠. 간단히 결론을 내는 것이 아니라 배후에 숨겨진 사정이나 이유를 알아차리기 위한 계기로 수치나 그래프를 활용하는 것이 양질의 활동으로 이어질 가능성이 큽니다.

피벗 테이블로도 평균값을 구할 수 있다!

과자 맛 비교를 할 때는 상품마다, 성별마다 평균을 구했습니다. 상품이 다른 열에 나뉘어 입력되어 있으므로 수식을 간단히 입력할 수 있었습니다. 제1장에서 살펴본 인터넷 이용 시간 예시에서도 성별, 나이마다 평균값을 구할 수 있지만, 스택 형식으로 데이터가 입력되어 있었고, 나이를 10대, 20대 이렇게 분류할 필요가 있어서 상당히 복잡했습니다. 이럴 때는 피벗 테이블 이용도 검토해 봅시다. 구체적인 방법은 실습 파일에 포함된 3_피벗 테이블로 평균값 구하기를 참조해 주세요.

🌙 도표 3-6 **성별, 나이별로 인터넷 이용 시간 평균값을 구한다**

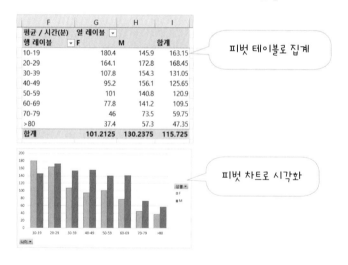

피벗 테이블로 집계

피벗 차트로 시각화

3-3 분포 형태를 통해 집단의 성질을 파악하자

도표 3-2(65p) 그래프에서도 알 수 있지만, 분포 형태를 살펴보면 집단의 특징이나 성질이 보이기도 합니다. 그러니 분포의 편중과 흩어진 정도를 살펴봅시다. 분포의 편중을 알기 위해서는 평균값과 중앙값을 비교하는 방법과 왜도를 구하는 방법이 있습니다. 흩어진 정도를 살펴보려면 첨도를 구하는 방법과 분산 혹은 표준편차를 구하는 법이 있습니다. 분산과 표준편차에 관해서는 3-4에서 설명합니다.

> 왜도? 첨도? 처음 듣는 용어인데요?

> 곧 알게 될 테니 걱정하지 마~

평균값과 중앙값을 비교해 분포의 편중을 알아보자

분포의 편중도는 평균값과 중앙값을 비교하면 대략적으로 알 수 있습니다. 그림으로 확인해봅시다.

분석 목적·
데이터 형식

도수분포표·
히스토그램

평균값·중앙값·
표준편차·분산

순위·편차치
ABC 분석

상관관계·회귀
분석·중회귀분석

시계열
분석

평균값의 차이 검정
·분산의 차이 검정

독립성 검정·
상관·회귀 검정

부록
용어집

도표 3-7 평균값과 중앙값을 비교해 분포 편중을 알아본다

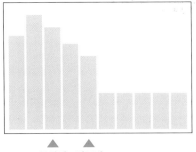

평균값이 중앙값보다 큰 경우에는 분포 그래프가 왼쪽으로 치우칩니다. 도수가 적고 큰 값의 영향을 받아 평균값이 커지기 때문입니다.

반대로 평균값이 중앙값보다도 작은 경우에는 분포 그래프가 오른쪽으로 치우칩니다. 작은 값의 영향을 받아서 평균값이 작아지기 때문이죠.

> 아, 대략적인 분포 편중은 이렇게 파악할 수 있구나.

통계 레시피

분포의 편중도를 알아봅시다.

방법 ㅣ 평균값과 중앙값을 비교한다.

이용하는 함수 ㅣ AVERAGE 함수, MEDIAN 함수

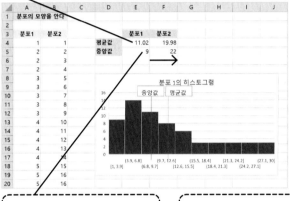

평균값을 구하려면 AVERAGE 함수를 사용하고, 중앙값을 구하려면 MEDIAN 함수를 사용합니다. 이미 3-1에서 실습했었으니 자세한 설명은 덧붙이지 않겠습니다. 실습 3-9에서는 분포 1의 값이 셀 A4~A66에, 분포 2의 값이 셀 B4~B66에 입력된 데이터를 활용합니다.

실습 3-9 평균값과 중앙값을 비교해 분포 형태를 알아본다 | 실습 파일 3_6

① =AVERAGE(A4:A66)을 입력한다.

② =MEDIAN(A4:A66)을 입력한다.

③ 셀 E4~E5를 오른쪽으로 복사한다.

분포 1에서는 평균값이 중앙값보다 큽니다. 히스토그램을 보면 그래프 봉우리가 왼쪽으로 치우쳐 있죠. 분포 2의 히스토그램은 보지 않아도 분포 1의 좌우가 반전된 형태이겠죠?

왜도를 구해서 분포의 편중도를 수치로 나타내자

분포의 편중도를 알아볼 때 왜도라는 값도 사용됩니다. 왜도가 0에 가까울수록 좌우 대칭형 분포, 음수라면 오른쪽으로 봉우리가 치우친 분포, 정

분석 목적 · 데이터 형식

도수분포표 · 히스토그램

평균값 · 중앙값 · 표준편차 · 분산

순위 · 편차치 ABC 분석

분석 · 중회귀분석 상관관계 · 회귀

시계열 분석

평균값의 차이 · 분산의 차이 검정

독립성 검정 상관 · 회귀 검정

부록 · 용어집

수라면 왼쪽으로 봉우리가 치우친 분포입니다. 왜도는 SKEW 함수로 구할 수 있습니다.

● 도표 3-8 **왜도와 분포 형태의 관계**

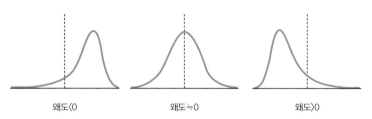

왜도<0   왜도≒0   왜도>0

> 왜도가 음수일 때 그래프 봉우리는 오른쪽에 있고, 정수일 때는 왼쪽에 봉우리가 있다.

통계 레시피
분포 편중도를 나타내는 값을 알아봅시다.

방법 | 데이터를 바탕으로 왜도를 구한다.

이용하는 함수 | SKEW 함수

=SKEW(C4:C23)

왜도를 구한다   데이터의 범위

과자의 맛 비교 데이터로 살펴봅시다. 실습 파일 3_7에는 셀을 숨겨 일부 데이터만 보이지만, 셀 C4~C23에 영진 사브레의 평가가, 셀 D4~D23에 타사 사브레의 평가가 입력되어 있습니다.

데이터 형식 · 분석 목적

히스토그램 · 도수분포표

평균값 · 중앙값 표준편차 · 분산

순위 · 편차치 ABC 분석

상관관계 · 회귀 분석 · 중회귀분석

시계열 분석

평균값의 차이 검정 · 분산의 차이 검정

상관 · 회귀 검정 · 독립성 검정

부록 · 용어집

실습 3-10   SKEW 함수를 사용해 왜도를 구한다

실습 파일 3_7

	A	B	C	D	E
1		과자의 맛 비교 결과			
2					
3	샘플	성별	영진 사브레	타사 사브레	
19	16	M	7	8	
20	17	F	7	8	
21	18	F	9	4	
22	19	F	3	6	
23	20	M	8	7	
24		평균값	6.35	6.1	
25		중앙값	7	6	
26		왜도	-0.593	-0.213	
27					
28					

① =SKEW(C4:C23)을 입력한다.

② 셀 C26을 오른쪽으로 복사

영진 사브레의 평균값은 6.35, 중앙값은 7. 평균값이 작고 왜도 또한 음수입니다. 모든 결과가 분포가 오른쪽으로 치우쳐 있을 거라 말하고 있습니다. 한편, 타사 사브레는 평균값이 더 크지만, 왜도는 음수입니다. 평가가 모순된 것 같지만 근소한 차이라서 어느 한쪽으로 치우쳐 있다고는 말하기 힘듭니다.

영진 사브레는 높게 평가한 사람이 많지만 극단적으로 낮은 점수를 준 사람 때문에 평균값이 낮아지고 있습니다.

영진 사브레의 맛은 독특하니까… 호불호가 심한가 봐.

맛이 어떻다고 이야기해도 결론 내리기는 쉽지 않은데, 수치로 나타내니 받아들일 수 있겠군요.

첨도를 구해서 분포가 흩어진 정도를 알아보자

분포 형태를 나타내는 값으로 첨도도 있습니다. 흩어진 정도를 알아본다기보다는 데이터가 평균값 가까이에 모여있는지를 나타낸 값이라고 하는 게 적절합니다. 첨도가 0에 가까우면 정규분포에 가까운 분포이고, 음수이면 평탄한 분포, 정수면 뾰족한 분포입니다. 정규분포란 중앙의 꼭짓점이 높고 좌우로 옷자락을 길게 뻗은 듯한 분포입니다. 분포에 관한 자세한 사항은 98p에서 설명하겠습니다.

◖ 도표 3-9 **첨도와 분포 형태의 관계**

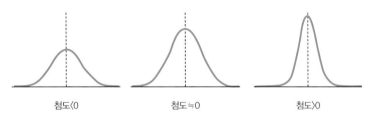

첨도<0   첨도≒0   첨도>0

> 첨도가 음수일 때 분포는 완만하고, 정수일 때는 뾰족해진다.

통계 레시피
데이터가 평균값 가까이에 모여있는지를 나타내는 값을 알아봅시다.

방법 ㅣ 데이터를 바탕으로 첨도를 구한다.

이용하는 함수 ㅣ KURT 함수

$$=\text{KURT}(C4\text{:}C23)$$

첨도를 구한다   데이터의 범위

여기서도 과자의 맛 비교 데이터로 진행해봅시다.

 실습 3–11   **KURT 함수를 사용해 첨도를 구한다** | 실습 파일 3_8

	A	B	C	D	E
1		과자의 맛 비교 결과			
2					
3	샘플	성별	영진 사브레	타사 사브레	
19	16	M	7	8	
20	17	F	7	8	
21	18	F	9	4	
22	19	F	3	6	
23	20	M	8	7	
24		평균값	6.35	6.1	
25		중앙값	7	6	
26		왜도	-0.593	-0.213	
27		첨도	-0.911	-0.611	
28					
29					

① =KURT(C4:C23)라고 입력한다.

② 셀 C27을 오른쪽으로 복사한다.

영진 사브레가 타사 사브레보다 첨도가 작습니다. 분포가 평탄하다는 것을 보면 좋은 평가를 한 사람과 나쁜 평가를 한 사람으로 나뉘어 있다는 의미겠네요.

> 이제까지 분포라고 하면 평균값을 구하는 일 정도밖에 떠오르지 않았는데, 분포 형태만 봐도 여러 가지를 알 수 있군요!

분석 목적 · 데이터 형식

도수분포표 · 히스토그램

평균값 · 중앙값 표준편차 · 분산

순위 · 편차치 ABC 분석

상관관계 · 회귀 분석 · 중회귀분석

시계열 분석

평균값의 차이 검정 · 분산의 차이 검정

독립성 검정 상관 · 회귀 검정

부록 용어집

3-4 분포의 흩어진 정도를 수치로 나타내 보자

앞에서는 집단의 특징을 수치로 표현하기 위해서 평균값 등의 대푯값을 사용했습니다. 히스토그램으로 파악할 수 있는 분포의 흩어진 정도를 수치화해서 집단의 특징을 표현할 수는 없을까요?

분포의 흩어진 정도를 나타내는 값으로는 분산과 표준편차가 있습니다. 모두 평균값에서 각 데이터가 얼마나 떨어져 있는지를 나타내는 값으로, 분산의 양의 제곱근이 표준편차입니다. 통계에서 다양한 계산에 분산을 사용하는 경우가 많지만, 보통은 표준편차를 이해하기가 더 쉬울 겁니다.

표준편차라는 말은 자주 들어봤어요. 간단히 구할 수 있나요?

함수 입력만으로 해결할 수 있지! 하지만 표준편차란 무엇인지, 왜 흩어진 정도를 나타내는지 그 의미를 이해하는 것이 훨씬 중요해.

표준편차를 구해서 분포의 흩어진 정도를 알아보자

과자의 맛 비교 데이터를 보면, 영진 사브레의 평가에는 2나 9라는 값이 있지만, 타사 사브레에는 그러한 값이 없습니다. 3-3에서 첨도가 낮았던 것도 생각해보면 영진 사브레의 흩어진 정도가 크지 않나 예상할 수 있습니다. 그러면, 표준편차를 구해서 분포의 흩어진 정도를 비교해봅시다.

분석 목적 · 데이터 형식

도수분포표 · 히스토그램

평균값 · 중앙값 표준편차 · 분산

순위 · 편차치 ABC 분석

상관관계 · 회귀 분석 · 중회귀분석

시계열 분석

평균값의 차이 검정 · 분산의 차이 검정

상관 · 회귀 검정 · 독립성 검정

부록 · 용어집

통계 레시피

샘플을 통해 모집단의 흩어진 정도를 추정합시다.

방법 │ 표준편차나 분산을 구한다.

이용하는 함수 │ STDEV.S 함수, VAR.S 함수

역시 맛 비교 데이터를 사용합니다. 표준편차를 구하기 위한 함수로 STDEV.S 함수를 알아봅시다.

=STDEV.S(C4:C23)

표본 표준편차를 구한다   데이터의 범위

STDEV.S 함수로는 표본 표준편차라는 값을 구할 수 있습니다. 그 의미는 나중에 알아보기로 하고 우선은 함수를 입력해봅시다.

실습 3-12 **상품을 평가한 데이터를 바탕으로 표준편차를 구한다** │ 실습 파일 3_9

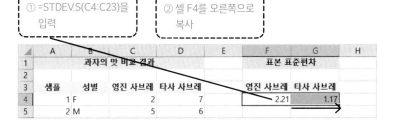

① =STDEV.S(C4:C23)을 입력

② 셀 F4를 오른쪽으로 복사

▲	A	B	C	D	E	F	G	H
1		과자의 맛 비교 결과					표본 표준편차	
2								
3	샘플	성별	영진 사브레	타사 사브레		영진 사브레	타사 사브레	
4	1	F	2	7		2.21	1.17	
5	2	M	5	6				

STDEV는 Standard Deviation의 약자야. Deviation의 de는 떨어진 것, via는 길의 옛 어원이야. 본래의 값에서 어긋났다라는 느낌의 의미야.

아무래도 영진 사브레의 표준편차가 큰 듯합니다. 실제로 제7장에서 설명하는 F검정에 따르면, 흩어진 정도에 차이가 있음을 알 수 있습니다. 정말 영진 사브레의 맛이 독특해서 호불호가 명확한 것일지도 모르겠습니다. 표준편차에는 여기서 구한 표본 표준편차와 표준편차가 있고, 분산에도 마찬가지로 표본 분산과 분산이 있습니다. 우선은 간단하게 알아보고 지나갑시다.

- 표본 표준편차 – 샘플로 모집단의 흩어진 정도를 추정한 값
- 표준편차 – 샘플 그 자체가 모집단일 때의 모집단의 흩어진 정도의 값

일반적으로 표준편차는 분산의 제곱근입니다(표준편차를 2제곱 하면 분산이 됩니다). 현재로서는 모두 흩어진 정도를 나타낸 값이라고 이해하면 됩니다. 조금씩 의미를 확장해 보겠습니다.

분산과 표준편차는 어떤 의미인가?

분산과 표준편차를 어떻게 계산하는지를 알면 왜 그 값이 흩어진 정도를 나타내는지, 어떤 의미가 있는지 알 수 있습니다. 계산은 사칙연산만으로도 가능하지만, 수식이라는 것에 알레르기를 일으키는 사람도 많으니 먼저 일상적인 예시로 생각해 보겠습니다.

분석 목적·
데이터 형식

도수분포표·
히스토그램

평균값·중앙값
표준편차·분산

순위·편차치
ABC 분석

상관관계·회귀
분석·중회귀분석

시계열 분석

평균값의 차이 검정
·분산의 차이 검정

독립성 검정·
상관·회귀 검정

부록·
용어집

흩어진 상태란 무엇인가?

지도를 펼쳐 국립 초등학교 학생들이 사는 집의 위치와 대학생들이 사는 집의 위치를 표시했다고 가정해봅시다. 어느 쪽이 더 흩어져 있을까요? 당연하게도 국립 초등학교에는 그 지역 아이들이 다니고 있으니 비교적 밀집해 있을 겁니다. 반면에 대학생은 대학 근처에서 하숙을 하거나 대중교통으로 통학을 하기도 하므로 조금 더 흩어진 모양새일 겁니다. 시각적으로는 이렇게 느낌을 알 수 있다지만, 정말로 흩어진 정도를 알기 위해서는 어떻게 하면 좋을까요? 얼마나 학교 근처에 살고 있는지를 알아보는 것이므로 집에서 학교까지의 거리를 평균을 내어 구할 수 있습니다.

🌙 도표 3-10 **중심과의 평균 거리가 흩어진 정도를 나타낸다**

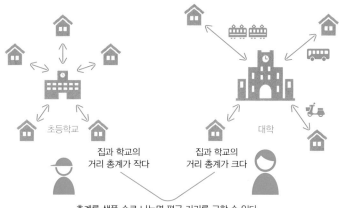

집과 학교의 거리 총계가 작다	집과 학교의 거리 총계가 크다

총계를 샘플 수로 나누면 평균 거리를 구할 수 있다.
→ 흩어진 상태를 알 수 있다.

초등학교 통학 거리는 흩어진 정도가 작고, 대학의 통학 거리는 흩어진 정도가 크다

083

초등학교나 대학의 위치는 평균값에 해당하며, 집에서 학교까지의 거리는 각 데이터 - 평균값에 해당합니다. 이 값을 모두 합쳐서 데이터의 개수로 나누면 거리 평균값을 구할 수 있습니다. 이것이 흩어진 정도를 나타내는 값이 됩니다.

유의할 점이라면, 지도상의 거리와는 달리 각 데이터 - 평균값은 플러스가 되기도 하고 마이너스가 되기도 합니다. 단순히 더하면 플러스와 마이너스가 상쇄되어 흩어진 정도를 나타낼 수 없습니다. 이럴 때 사용할 수 있는 값이 절대값이겠지만, 절댓값을 다루면 계산이 조금 번거로우므로 각 데이터 - 평균값을 제곱하여 구합시다. 제곱하면 전부 플러스 값이 됩니다. 2의 제곱은 4이고 −3의 제곱은 9입니다. 제곱해도 나중에 $\sqrt{\ }$를 씌우면 절댓값이 됩니다.

즉, 각 데이터 - 평균값의 제곱을 전부 더해서 데이터의 개수로 나누면 흩어진 정도를 나타내는 값으로 이용할 수 있습니다. 이 값을 분산이라고 부릅니다.

이를 수식으로 써보면 아래와 같습니다.

🌙 도표 3-11 **분산을 나타내는 식**

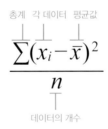

$$\frac{\overset{\text{총계}\ \text{각 데이터}\ \text{평균값}}{\sum(x_i - \overline{x})^2}}{\underset{\text{데이터의 개수}}{n}}$$

의미를 알지 못할 때는 수식으로 표현하면 어렵게만 느껴지지만, 그 의미를 안다면 각 테이터 - 평균값의 제곱을 전부 더해서 데이터의 개수로 나눈 것이라고 일일이 말하는 번거로움에서 벗어나 간단히 기호로 표현할 수 있

게 됩니다. 수식은 이야기를 어렵게 하기 위한 것이 아니라 쉽게 하기 위한
것입니다.

조금 장황하겠지만, x_i나 Σ의 의미를 확인하고 갑시다. 이미 의미를 알고
있는 사람은 다음으로 넘어가도 좋습니다.

🌙 도표 3-12　각 데이터를 xi 라고 표현한다

$$x_1 \quad x_2 \quad x_3 \quad x_4 \quad x_5 \quad \cdots\cdots \text{ 각 데이터를 일반적으로 } x_i \text{라고 표현한다.}$$

$$\boxed{1} \quad \boxed{4} \quad \boxed{8} \quad \boxed{2} \quad \boxed{7} \quad \cdots\cdots \text{ 실제 데이터}$$

각 데이터의 값을 모두 나타내기보다 x_1, x_2……와 같이 x_i이라고 표현하는
게 더욱 간단합니다(이 예시에서는 i가 1부터 5까지 있겠죠). 또 모든 데이
터를 서로 더할 때 수식화 x_1 …라는 계산을 x_i의 합계를 구한다라고 간단하
게 말할 수 있습니다. 더 나아가서 합계를 구한다를 Σ라는 기호로 표현하여
Σx_i로 표현할 수도 있습니다. 의미만 안다면 훨씬 간결해집니다. 그리스 문
자인 Σ는 알파벳 S에 해당하는 문자이며 합계(Summation) 의미의 기호로
사용하고 있습니다. 평균값을 나타내는 수식화 $\bar{x}$는 엑스 바라고 읽습니다.

수작업으로 분산을 계산해보자

분산의 의미와 구하는 방법을 알았으니 앞에서 나온 식으로 계산을 해봅
시다. 다음 페이지의 데이터는 하루당 섭취 에너지를 조사한 것입니다.

여기서는 표본 분산이라 불리는 값을 구해보겠습니다. 도표 3-11의 식과
는 조금 달리, 표본 분산에서는 분모를 데이터의 개수가 아니라 데이터의
개수-1로 계산합니다. 즉 n이 아니라 n-1로 나누는 것입니다. 표본 분산과
분산의 차이 등 상세한 내용은 나중에 설명하겠습니다. 여기서는 우선 흩어
진 정도의 의미를 확실히 알아둡시다.

분석 목적 ·
데이터 형식

도수분포표 ·
히스토그램

평균값 ·
표준편차 ·
분산

순위 · 편차치
ABC 분석

분석 · 상관관계 · 회귀
중회귀분석

시계열 분석

평균값의 차이 검정
· 분산의 차이 검정

독립성 검정
상관 · 회귀 검정

부록
용어집

실습 3-13　각 데이터와 평균의 차의 제곱을 구한다

실습 파일 3_10

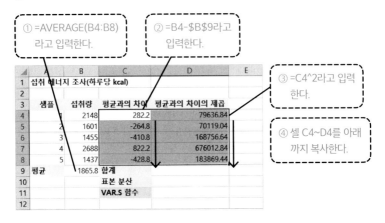

① =AVERAGE(B4:B8)
라고 입력한다.

② =B4-$B$9라고
입력한다.

③ =C4^2라고 입력
한다.

④ 셀 C4~D4를 아래
까지 복사한다.

	A	B	C	D	E
1	섭취 에너지 조사(하루당 kcal)				
2					
3	샘플	섭취량	평균과의 차이	평균과의 차이의 제곱	
4	1	2148	282.2	79636.84	
5	2	1601	-264.8	70119.04	
6	3	1455	-410.8	168756.64	
7	4	2688	822.2	676012.84	
8	5	1437	-428.8	183869.44	
9	평균	1865.8	합계		
10			표본 분산		
11			VAR.S 함수		
12					

각 데이터와 평균의 차이를 편차라고 불러. 여기서는 편차의 제곱을
구한다고 할 수 있지.

이제까지 $(x_i - \bar{x})^2$, 즉 각 데이터와 평균의 차의 제곱을 전부 구할 수 있었
습니다. 나머지는 그것들을 Σ, 즉 모두 합쳐서 데이터의 개수-1로 나누기
만 하면 됩니다.

실습 3-14 **검산을 위해 불편 분산을 구해보자** | 실습 파일 3_10

▲	A	B	C	D	E
1	섭취 에너지 조사(하루당 kcal)				
2					
3	샘플	섭취량	평균과의 차이	평균과의 차이의 제곱	
4	1	2148	282.2	79636.84	
5	2	1601	-264.8	70119.04	
6	3	1455	-410.8	168756.64	
7	4	2688	822.2	676012.84	
8	5	1437	-428.8	183869.44	
9	평균	1865.8	합계	1178394.8	
10			표본 분산	294598.7	
11			VAR.S 함수	294598.7	
12					

① =SUM(D4:D8)을 입력한다.

② =D9/(COUNT(B4:B8)-1)을 입력한다.

③ =VAR.S(B4:B8)을 입력하고 결과가 맞는지 확인한다.

Point! 셀 D9의 값은 잔차 제곱의 총계로 편차제곱합이라 부르기도 해.

원하는 계산의 결과를 구했습니다. 셀 D11에 VAR.S 함수를 입력해 표본 분산을 구해 수작업으로 계산한 결과와 비교해봅니다. 일치하네요.

=VAR.S(B4:B8)

표본 분산을 구한다   데이터의 범위

또한, 표본 분산의 $\sqrt{\ }$를 구하면 표본 표준편차가 된다는 걸 알아둡시다. 셀 중 하나에 =SQRT(D10)을 입력하면 불편 표준편차값을 구할 수 있습니다. STDEV.S 함수를 사용해 검산을 시행하려면 어느 하나의 셀에 =STDEV.S(B4:B8)을 입력하면 됩니다.

데이터 분석 목적·형식

히스토그램 도수분포표·

표준편차·분산 평균값·중앙값

ABC 분석 순위·편차치

분석·중회귀분석 상관관계·회귀

시계열 분석

분산의 차이 검정 평균값의 차이 검정

상관·회귀 검정 독립성 검정

용어집 부록

분산과 표본 분산, 표준편차와 표본 표준편차의 차이

분산이나 표준편차가 각 데이터와 평균값과의 거리 평균 같은 것이라는 걸 이해하셨나요? 그러나 분산은 데이터의 개수로 나누고, 표본 분산은 데이터의 개수−1로 나누는 것처럼 차이가 있으므로 조금 혼란스러웠을 겁니다. 다시 정리해봅시다.

통계 레시피
흩어진 정도를 나타내는 다양한 값을 구해봅시다.

방법 ┃ 분산, 표본 분산, 표준편차, 표본 표준편차를 구한다.

이용하는 함수 ┃ VAR.P 함수, VAR.S 함수, STDEV.P 함수, STDEV.S 함수

분산과 표본 분산의 계산 방법과 결과를 구하기 위해 사용하는 Excel 함수, 의미의 차이를 알아봅시다.

◖ 도표 3-13 **분산과 불편 분산**

	계산 방법	Excel 함수	의미
분산	$\dfrac{\sum(x_i-\bar{x})^2}{n}$	VAR.P	얻은 데이터가 모집단 전체일 때의 흩어진 정도
표본 분산	$\dfrac{\sum(x_i-\bar{x})^2}{n-1}$	VAR.S	얻은 데이터가 모집단에서 추출한 일부 데이터일 때, 모집단의 흩어진 정도를 추정한 값

모집단에서 추출한 데이터를 표본 혹은 샘플이라 부릅니다. 분산은 표본이 모집단 전체의 데이터일 때 사용합니다. 도표 3-14의 왼쪽 이미지를 참고합시다.

표본 분산은 표본이 모집단에서 추출한 일부 데이터일 때, 모집단의 흩어진 상태를 추정하기 위해 사용합니다. 이번에는 오른쪽 이미지를 참고합시다.

분석 목적·데이터 형식

도수분포표·히스토그램

평균값·중앙값 표준편차·분산

순위·편차치 ABC 분석

상관관계·회귀 분석·중회귀분석

시계열 분석

평균값의 차이 검정·분산의 차이 검정

독립성 검정· 상관·회귀 검정

부록·용어집

◖ 도표 3-14   **분산과 표본 분산의 차이**

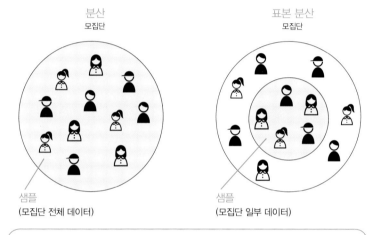

분산
모집단

표본 분산
모집단

샘플
(모집단 전체 데이터)

샘플
(모집단 일부 데이터)

샘플의 추출 방법에 따라 분산인지 표본 분산인지 결정된다.

맛 비교 데이터나 섭취 에너지 데이터는 모든 데이터가 아니라, 데이터 중 일부를 추출한 것입니다. 표본 표준편차나 표본 분산을 구한 이유이죠. 표준편차와 표본 표준편차도 자세히 알아볼까요?

도표 3-15 표준편차와 표본 표준편차

	계산 방법	Excel 함수	의미
표준편차	$\sqrt{\dfrac{\sum(x_i-\bar{x})^2}{n}}$	STDEV.P	얻은 데이터가 모집단 전체일 때의 흩어진 상태
표본 표준편차	$\sqrt{\dfrac{\sum(x_i-\bar{x})^2}{n-1}}$	STDEV.S	얻은 데이터가 모집단에서 추출한 일부 데이터일 때, 모집단의 흩어진 상태를 추정한 값

분산의 경우와 100% 똑같아.

분산은 원래 값의 제곱이므로 실감하기 어려울 수 있지만, 표준편차는 분산의 $\sqrt{}$ 값이므로 원래 데이터와 같은 규모가 되어 분산보다는 실감하기 쉽습니다. 다만 통계적 계산으로는 하나하나 $\sqrt{}$를 구하는 것이 번거로우니 분산을 그대로 사용하는 일이 잦습니다. 그다지 의미 없는 예시이지만, 분산, 표본 분산, 표준편차, 표본 표준편차를 전부 구해보겠습니다.

실습 3-15 다양한 함수를 사용해 분산과 표준편차를 구한다

	A	B	C	D
1	섭취 에너지 조사(하루당 kcal)			
2				
3	샘플	섭취량		
4	1	2148		
5	2	1601		
6	3	1455		
7	4	2688		
8	5	1437		
9	분산	235679.0 ❶		
10	표본 분산	294598.7 ❷		
11	표준편차	485.5 ❸		
12	표본 표준편차	542.8 ❹		
13				

❶ =VAR.P(B4:B8)을 입력한다.
❷ =VAR.S(B4:B8)을 입력한다.
❸ =STDEV.P(B4:B8)을 입력한다.
❹ =STDEV.S(B4:B8)을 입력한다.

결과를 살펴보면 분산보다 표준편차 쪽이 원래 데이터 크기에 가까운 값임을 확인할 수 있습니다.

어느 정도 폭을 두고 평균이나 분산을 추정하려면

평균값이나 표본 분산 등 하나의 값을 사용해 모집단의 평균이나 분산을 추정하는 것을 점 추정이라고 합니다. 예를 들어 영진 사브레 평가의 평균(의 추정치)은 6.35였다는 표기법이 점 추정입니다. 한편, 어느 정도 폭을 두고 모집단의 평균이나 분산을 추정하는 것을 구간 추정이라고 하는데, 모집단의 평균 μ를 $100 \times (1-\alpha)\%$ 정밀도로 추정하는 방법을 사용합니다. 영진 사브레 평가의 평균값을 95%의 정밀도($\alpha=0.05$)로 구간 추정하면, $5.32 \leqq \mu \leqq 7.38$이라고 표현하는 방법입니다.

통계 레시피

어느 정도 폭을 두고 모집단의 평균을 추정하는 구간 추정을 알아봅시다.

방법 | 신뢰 구간을 구한다.

이용하는 함수 | CONFIDENCE.NORM 함수, CONFIDENCE.T 함수

Excel에서는 CONFIDENCE.NORM 함수나 CONFIDENCE.T 함수를 사용하면 간단하게 모집단의 평균 구간을 추청할 수 있습니다. 함수로 간단히 구할 수 있으므로 식을 사용해 계산할 필요는 없지만, 정의를 확인하기 위해 살펴봅시다.

분석 목적·데이터 형식

도수분포표·히스토그램

평균값·중앙값 표준편차·분산

순위·편차치 ABC 분석

상관관계·회귀 분석·중회귀분석

시계열 분석

평균값의 차이 검정·분산의 차이 검정

상관·회귀 검정·독립성 검정

부록·용어집

- 모집단의 분산을 알고 있는 경우

$$\bar{x} - z\left(\frac{\alpha}{2}\right)\frac{\sigma}{\sqrt{N}} \leq \mu \leq \bar{x} + z\left(\frac{\alpha}{2}\right)\frac{\sigma}{\sqrt{N}}$$

이 부분은 CONFIDENCE.NORM 함수로 구할 수 있다. σ = 표준편차

$z\left(\frac{\alpha}{2}\right)$는 표준 정규분포 $\left(\frac{\alpha}{2}\right)$점의 값입니다. 이 부분의 값은 NORM.S.INV 함수로 구할 수 있습니다. 표준 정규분포란 평균이 0, 분포가 12인 정규분포입니다.

- 모집단의 분산을 모르는 경우

$$\bar{x} - t_{N-1}\left(\frac{\alpha}{2}\right)\frac{s}{\sqrt{N}} \leq \mu \leq \bar{x} + t_{N-1}\left(\frac{\alpha}{2}\right)\frac{s}{\sqrt{N}}$$

이 부분은 CONFIDENCE.T 함수로 구할 수 있다. s = 표본 표준편차

$t_{N-1}\left(\frac{\alpha}{2}\right)$는 자유도 N-1의 t분포의 $\left(\frac{\alpha}{2}\right)$점의 값입니다. 이 부분의 값은 T.INV 함수나 T.INV.2T 함수로 구할 수 있습니다. 관심 있는 분은 실습 파일을 참조해 보세요.

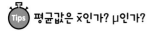

Tips 평균값은 x̄인가? μ인가?

평균값을 나타낼 때 x̄나 μ라는 기호를 사용하는데, x̄와 μ는 의미가 다르므로 주의가 필요합니다. x̄는 샘플을 바탕으로 구한 모집단의 평균 추정치입니다. 한편 μ는 모집단의 평균값입니다. 똑같이 s나 s^2은 샘플을 바탕으로 구한 표준편차나 분산의 추정치, σ나 $σ^2$은 모집단의 표준편차나 분산입니다. 또한 μ는 뮤라고 읽고 σ는 시그마라고 읽습니다.

시험 삼아 과자의 맛 비교 데이터를 바탕으로 평균값의 95% 신뢰 구간을 구해봅시다. 이 경우 a의 값은 0.05가 됩니다. 다음 실습에서는 CONFI-DENCE.T 함수를 사용해 간단히 계산한 결과를 보여줍니다.

 실습 3-16 신뢰 구간을 구한다

실습 파일 3_12

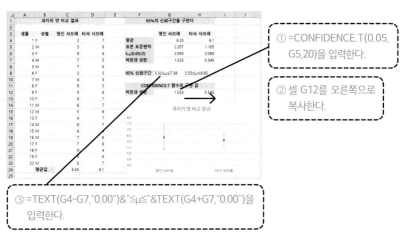

① =CONFIDENCE.T(0.05, G5,20)을 입력한다.

② 셀 G12를 오른쪽으로 복사한다.

③ =TEXT(G4-G7,"0.00")&"≦μ≦"&TEXT(G4+G7,"0.00")을 입력한다.

 Point!

평균값에서 셀 G12의 값을 뺀 값부터 평균값에서 셀 G12의 값을 더한 값까지가 신뢰 구간이구나.

분석 목적·데이터 형식

도수분포표·히스토그램

평균값·중앙값 표준편차·분산

순위·ABC 분석 편차치

상관관계·회귀 분석·중회귀분석

시계열 분석

평균값의 차이 검정·분산의 차이 검정

독립성 검정·상관·회귀 검정

부록·용어집

수치를 수식 설정하여 문자열로 변환하려면

TEXT 함수를 사용하면 수치를 문자열로 변환할 수 있습니다. 표시 형식 지정에 사용하는 서식 기호와 같은 것을 지정하는데, 예를 들어 0.00으로 설정하면 일의 자리가 0인 경우는 0이라 표시하고, 소수점 이하 두 번째 자리까지 표시합니다. TEXT 함수가 사용된 실습 3-16의 95% 신뢰구간을 구한 G9와 H9 셀을 확인해봅시다.

- TEXT 함수를 사용하지 않은 G9셀
  5.31707061429347≦μ≦7.38292938570653
- TEXT 함수를 사용한 G9셀
  5.32≦μ≦7.38

　구간 추정의 의미가 정확히 무엇일까요? 구한 평균값은 95% 확률로 옳다 혹은 신뢰 구간에 포함된 값은 평균값의 범위라고 간주한다 또는 신뢰 구간의 범위 외에는 바깥값이다라는 오해가 있을 수 있습니다. 정확히는 샘플을 추출해 신뢰 구간을 구하는 행위를 여러 번 반복하면 그러한 신뢰 구간의 95%에 모집단의 평균이 포함되어 있다는 것입니다.

 표준편차나 분산은 통계의 기초야. 함수를 입력하는 것만으로 값을 구할 수 있지만, 과정을 확실히 이해해 두는 게 좋아.

 표준편차나 분산은 평균값과 각 데이터가 얼마나 떨어져 있는가? 라는 거잖아요! 한 단계씩 수작업으로 계산해보니 의미를 잘 이해할 수 있었어요.

 의미를 알면 자신감을 갖고 함수를 사용할 수 있어.

제 4 장

레벨업의 출발점은 자신의
위치를 아는 것부터

순위 · 편차치 · ABC 분석

STORY

매일 데이터 분석 학습에 전념하는 차바울 주임. 다음 분기부터 시행하는 밀가루 성분 추정 테스트의 운영안 작성에 협력해달라는 부탁을 받았습니다. 그래서 응시자 입장에서의 감각을 익히기 위해 모의시험을 보기로 했습니다.

75점은 좋은 점수일까?

차바울 주임의 좌우명은 김경민 부장님에게 배운 무엇이든 경험이다입니다. 그래서 밀가루 성분 추정 테스트에 참여했더니, 75점을 받았습니다. 75점은 좋은 성적일까요? 다른 사람들은 몇 점을 받았을까요? 평가를 알고 싶습니다.

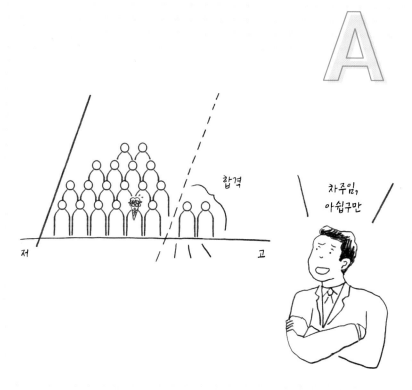

분석 목적 · 데이터 형식

도수분포표 · 히스토그램

평균값 · 중앙값 표준편차 · 분산

순위 · 편차치 ABC 분석

상관관계 · 회귀 분석 · 중회귀분석

시계열 분석

평균값의 차이 검정 · 분산의 차이 검정

독립성 검정 · 상관, 회귀 검정

부록 · 용어집

평가 기준을 구해서 자기 위치를 알아보자!

제3장에서는 평균값과 표준편차를 구했습니다. 말하자면 중심과 흩어진 정도를 알아본 것이죠. 배운 걸 활용해 자신이 어느 위치쯤에 있는지, 다른 사람들은 어느 정도 위치에 분포해 있는지 알아볼 수 있을 겁니다. 단순히 순위를 구하거나 어느 순위에 도달하려면 어느 정도 성적을 얻어야 하는지를 알 수도 있습니다.

4-1 평균과 표준편차로 평가 기준을 확인하자

　많은 경쟁자 중 우위에 서려면 자신이 현재 어느 위치에 있는지 아는 것이 시작입니다. 또한 어떤 위치에 도달하려면 얼마만큼의 향상을 도모해야 할지 알아야 합니다. 이번 장에서는 집단 안에서의 개별 데이터로 시점을 옮겨봅시다.

이전 데이터가 없어도 평균과 표준편차를 통해 자신의 위치를 구할 수 있어. 단, 정규분포라는 전제에 주의해야 해.

데이터가 없어도 순위를 알 수 있다?!

　분포란 데이터가 어떻게 흩어져 있는가? 입니다. 수집한 데이터로 히스토그램을 작성하면 분포를 시각화할 수 있습니다. 한편, 이론상 이런 확률로 어떤 데이터가 나올 것이라고 계산으로 구할 수 있는 분포도 있습니다. 그런 분포를 이론분포라고 합니다. 복권 1등에 당첨될 확률은 몇 %인지, 2등에 당첨될 확률은 몇 %인지 구하는 것이 바로 이론분포입니다. 이러한 값은 실제 데이터를 수집해 구한 게 아니라 계산을 통해 구한 겁니다.

　이론분포 중에 자주 사용하는 것으로 정규분포가 있습니다. 일상의 모든 분포가 정규분포를 따르는 것은 아니지만, 일반적으로 널리 사용되는 분포입니다. 복권 당첨 확률은 상당히 편중된 분포이긴 하죠. 정규분포는 도표 4-1과 같은 형태입니다. 평균값 가까이에 비교적 데이터가 많이 모여있고, 평균값에서 멀어지면 데이터가 적어지는 형태의 분포입니다.

전체 중 상위 몇 % 위치인가를 조사한다

밀가루 성분 추정 테스트의 데이터가 정규분포를 따르고 있다고 간주하고, 차바울 주임이 어느 정도 위치에 있을지 생각해봅시다. 도표 4–1은 밀가루 성분 추정 테스트의 평균값과 표준편차를 이용하여 작성한 정규분포 그래프입니다. 모든 데이터가 없어도 평균값과 표준편차만으로 그래프를 그릴 수 있다는 것이 중요합니다. 평균값은 59.5점, 표준편차는 21.13이고, 차바울 주임의 점수는 75점이었습니다.

🍂 도표 4–1 **평균 59.5, 표준편차 21.13의 정규분포 그래프**

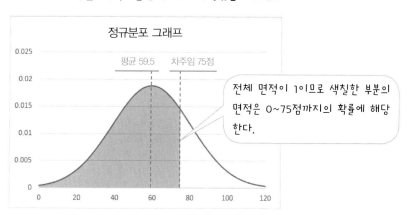

정규분포 그래프는 그래프와 *x*축으로 둘러싸인 범위 전체 면적이 1이 됩니다. 차주임의 점수(75점) 위치까지 색을 칠해두었는데, 이 부분의 면적은 NORM.DIST 함수로 간단히 구할 수 있습니다.

분석 목적·데이터 형식

도수분포표·히스토그램

평균값·중앙값 표준편차·분산

순위· 편차치 ABC 분석

상관관계·회귀 분석·중회귀분석

시계열 분석

평균값의 차이 검정·분산의 차이 검정

상관·회귀 검정 독립성 검정

부록·용어집

통계 레시피

정규분포로 자신이 몇 퍼센트 위치에 있는지 알아봅시다.

방법 | 정규분포의 누적 확률을 구한다.

이용하는 함수 | NORM.DIST 함수

준비 | 평균값과 표준편차를 구해둔다.

여기서는 하한부터 75점까지의 확률을 구하므로 NORM.DIST 함수를 사용하여 누적 확률을 구합니다. 누적이란 어떤 위치부터 어떤 위치까지의 값을 전부 더한 것이라는 의미입니다.

=NORM.DIST(E7,E3,D4,TRUE)

정규분포의 확률을   확률을 구하고   평균값   표준편차   누적 분포 함수의
구한다   싶은 값   값을 구한다

실습 4-1 75점이 어느 위치에 해당하는지 구한다 | 실습 파일 4_1

▲	A	B	C	D	E	F
1	밀가루 성분 추정 테스트 성적					
2						
3	수험번호	점수		평균값	59.5	
4	001	76		표준편차	21.13	
5	002	15				
6	003	64		수험번호	005	
7	004	55		점수	75	
8	005	75		상위부터의 순위	0.232	
9	006	75				
10	007	100				

=1-NORM.DIST(E7,E3,E4,
TRUE)라고 입력

100

NORM.DIST 함수에서 구한 누적 확률은 하한부터 누적된 확률입니다. 따라서 1에서 NORM.DIST 함수 결과를 빼면 상위부터 몇 % 위치에 있는지 알 수 있습니다.

그렇게 해서 구한 값이 셀 E8의 0.232입니다. 차바울 주임은 상위 23.2% 위치에 있는 겁니다. 분포가 정규분포를 따르는 경우, 평균값과 표준편차만 알고 있으면 전체 중 어느 위치에 있는지를 이렇게 구할 수 있습니다.

🌙 도표 4-2 **상위부터의 확률을 구한다**

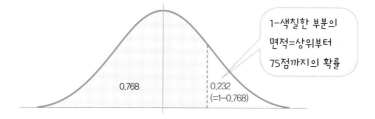

NORM.DIST 함수 마지막 인수에 TRUE 대신 FALSE를 지정하면 확률밀도 함수의 값을 구할 수 있습니다. 셀 E8의 수식을 수정해보면, 75점일 때의 세로축 값(0.0144)을 알 수 있습니다. 그렇지만 딱 75점인 사람이 0.0144의 확률로 나타난다는 의미가 아니라는 것에 주의해야 합니다.

상위 10%로 들어가기 위해 점수를 조사한다

다음은 반대로 계산해봅시다. 누적 확률에서 점수(x의 값)를 구하는 계산입니다. 예를 들면 도표 4-1의 색칠한 부분의 면적에서 75점이라는 값을 구하는 계산에 해당합니다. 이 값은 NORM.INV 함수로 구할 수 있습니다.

분석 목적 · 데이터 형식

도수분포표 · 히스토그램

평균값 · 중앙값 표준편차 · 분산

순위 · 편차치 ABC 분석

상관관계 · 회귀 분석 · 중회귀분석

시계열 분석

평균값의 차이 검정 · 분산의 차이 검정

상관, 회귀 검정 독립성 검정

부록 · 용어집

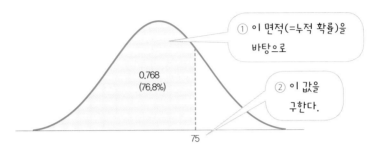

통계 레시피

정규분포로 전체의 몇 %에 해당하는 값인지 알아봅시다.

방법 ｜ 정규분포의 누적 확률로 값을 구한다.

이용하는 함수 ｜ NORM.INV 함수

준비 ｜ 평균값과 표준편차를 구한다. 누적 확률을 지정한다.

=NORM.INV(I-E6,E3,E4)

정규분포의 누적 확　　누적 분포　　평균값　표준편차
률로 x값을 구한다　　함수의 값

여기서는 상위 10% 위치에 해당하는 점수를 구해봅시다. 이를 알면 합격
점을 정하는 기준을 얻을 수 있습니다.

102

실습 4-2 **상위 10%에 해당하는 점수가 몇 점인지를 구한다** | 실습 파일 4_2

	A	B	C	D	E	F
1			밀가루 성분 추정 테스트 성적			
2						
3	수험번호	점수		평균값	59.5	
4	001	76		표준편차	21.13	
5	002	15				
6	003	64		상위부터의 순위	10%	
7	004	55		x값	86.6	
8	005	75				
9	006	75				

=NORM.INV(1-E6,E3,E4)
라고 입력

상위 10%라는 건 하위부터의 누적 확률이 90%야. 그러니까 1에서 10%를 뺀 값을 지정하는 거지.

상위 10%의 점수는 86.6점이었습니다. 그러니까 상위 10%를 합격시키고 싶다면 합격점을 87점 정도로 설정하면 됩니다.

데이터 형식 · 분석 목적 ·

도수분포표 · 히스토그램

평균값 · 중앙값 표준편차 · 분산

순위 · 편차치 ABC 분석

상관관계 · 회귀 분석 · 중회귀분석

시계열 분석

평균값의 차이 검정 · 분산의 차이 검정

독립성 검정 · 상관, 회귀 검정

부록 · 용어집

이산분포와 연속분포

분포에는 값이 띄엄띄엄 나타나는 이산분포와 값이 연속으로 나타나는 연속분포가 있습니다. 당첨과 꽝이 1/2 확률인 뽑기를 10개 뽑았을 때 당첨이 몇 번 나올지에 대한 분포를 알아봅시다. 가로축이 당첨 횟수, 세로축은 그 횟수만큼 당첨될 확률입니다.

🌙 도표 4-4 **당첨 횟수의 확률 분포**

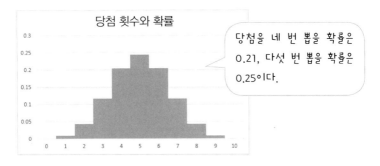

당첨을 네 번 뽑을 확률은 0.21, 다섯 번 뽑을 확률은 0.25이다.

이 확률 분포는 이항분포라고 부르며, 아래의 식으로 구할 수 있습니다. 이 단계에서는 수식의 의미를 몰라도 괜찮습니다.

$$\binom{n}{k} p^k (1-p)^{(n-k)}$$

$\binom{n}{k}$은 n 개 중에서 k 개를 선택하는 조합의 수입니다. 여기서 p는 당첨 확률, n은 뽑기를 뽑는 횟수(시행하는 횟수), k는 당첨 횟수(도표 4-4라면 n=10, k=0, 1, 2, …… 10, p=1÷2)입니다.

이항분포처럼 가로축의 값이 띄엄띄엄 나타나는 분포를 이산분포라고 합니다. 그리고 이산분포에는 포아송분포와 초기하분포가 있죠. 그런데 이처럼 뽑는 횟수

(시행 횟수)를 점점 늘려가면 평균치가 np, 분산이 np(1-p)인 정규분포에 가까워
진다는 것을 알 수 있습니다. 정규분포를 나타내는 식은 다음과 같습니다. 이 단
계에서도 역시 수식의 의미를 몰라도 괜찮습니다.

$$\frac{1}{\sqrt{2\pi}\sigma}\, e^{-\frac{(x-\mu)^2}{2\sigma^2}}$$

(μ는 평균값, σ²는 분산, π는 원주율, e는 자연 대수의 밑)

평균값이 0, 표준편차가 1인 정규분포를 표준 정규분포라고 합니다. 아래 그래
프는 표준 정규분포의 그래프입니다.

● 도표 4-5 **평균값 0, 표준편차 1인 정규분포 그래프(확률밀도 함수)**

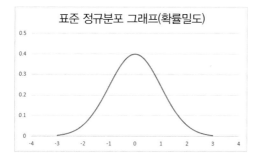

정규분포와 같이 가로축 값이 연속해서 나타나는 분포를 연속분포라고 합니다.
그 밖에도 연속분포에는 t분포나 F분포, 카이제곱분포 등이 있습니다.

분석 목적·
데이터 형식

도수분포표·
히스토그램

평균값·
표준편차·분산

순위·편차치
ABC 분석

상관관계·회귀
분석·중회귀분석

시계열 분석

평균값의 차이 검정
·분산의 차이 검정

독립성 검정·
상관·회귀 검정

부록
용어집

다른 분포 사이에서 위치를 비교하려면

같은 75점이라도 평균값이 60점일 때의 75점과 평균값이 80점일 때의 75점은 가치가 다릅니다. 또 평균값이 같을 때의 60점이라 해도 표준편차가 10일 때의 75점과 표준편차가 20일 때의 75점 역시 가치가 다르죠. 즉 분포가 다르면 단순히 점수만을 비교해서는 안 된다는 겁니다.

🌙 도표 4-6 **평균값과 표준편차가 다르면 점수의 가치도 다르다**

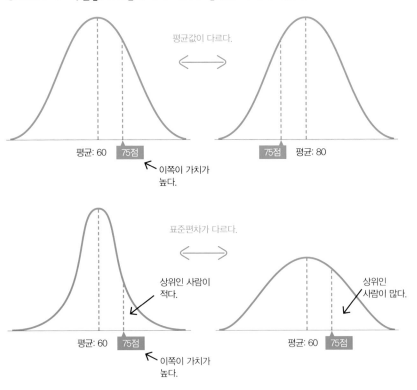

이럴 때 평균값과 표준편차를 맞추면 비교할 수 있습니다. 먼저 모든 값에서 평균값을 뺀 값을 구하면 그 값들의 평균값이 0이 됩니다. 계속해서 이들 값을 모두 표준편차로 나눈 값을 구하면 이들 값의 표준편차가 1이 됩니다. 이렇게 평균값이 0, 표준편차가 1로 맞춰집니다.

다만, 이렇게 구한 값은 작은 값이므로 실감이 나지 않을 수 있습니다. 그러므로 표준편차가 10이 되도록 값을 10배로 하고 평균값이 50이 되도록 50을 더합니다. 그렇게 구한 값을 편차치라고 합니다. 수식으로 나타내면 아래와 같습니다.

$$\frac{(x-\bar{x})}{s} \times 10 + 50$$

($\bar{x}$는 평균값, s는 표준편차)

예를 들어 평균값이 60점, 표준편차가 10일 때 75점의 편차치는

$$(75-60) \div 10 \times 10 + 50 = 65$$

평균값이 60점, 표준편차가 20일 때 75점의 편차치는

$$(75-60) \div 20 \times 10 + 50 = 57.5$$

즉, 표준편차가 10일 때의 75점의 가치가 더 높다는 것입니다.

통계 레시피

평균값과 표준편차가 서로 다른 분포에서 값을 비교해봅시다.

방법 ㅣ 편차치를 구한다.

준비 ㅣ 평균값과 표준편차를 구해둔다.

차바울 주임의 편차치를 구해봅시다. 이제까지 등장한 함수로 계산할 수 있습니다.

분석 목적·데이터 형식

도수분포표·히스토그램

평균값·중앙값 표준편차·분산

순위·편차치 ABC 분석

상관관계·회귀 분석·중회귀분석

시계열 분석

평균값의 차이 검정·분산의 차이 검정

독립성 검정·상관·회귀 검정

부록·용어집

실습 4-3 편차치를 구한다

① =AVERAGE(B4:B53)을 입력한다.

② =STDEV.P(B4:B53)을 입력한다.

⏴	A	B	C	D	E	F
1	밀가루 성분 수정테스트 성적					
2						
3	수험번호	점수		평균값	59.5	
4	001	76		표준편차	21.13	
5	002	15				
6	003	64		수험번호	006	
7	004	55		점수	75	
8	005	75		편차치	57.3	
9	006	75				
10	007	100				

③ =(E7-E3)/E4*10+50을 입력한다.

 편차치를 구하려면 90p에서 소개한 표준편차를 사용하는 것에 주의해야 해.

이번에는 한 시험의 편차치만 구하고 있지만, 여러 번의 시험이나 다른 과목 시험 등 다른 분포라 해도 편차치를 사용하면 어느 위치에 있는지를 비교할 수 있습니다.

 편차치는 서열화를 위해 사용하는 일이 많은 몹시 도움이 되는 수치야.

108

지식➕
더하기

정규분포에 포함되는 값의 범위

정규분포에서는 평균값을 μ, 표준편차를 σ라고 표시하며, μ±σ의 범위에 68.27%의 값이 포함되고 μ±2σ의 범위에 95.45%의 값이 포함됩니다.

🌑 **도표 4-7** **정규분포와 값의 범위**

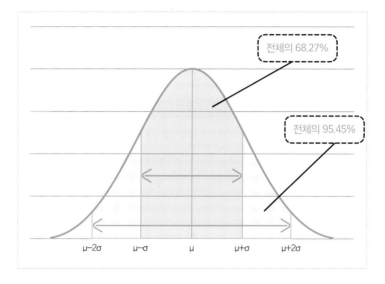

따라서 μ+σ의 위치는 상위 15.87%가 되고, μ+2σ의 위치는 상위 2.28%가 됩니다(각각 (100−68.27)÷2, (100−95.45)÷2로 구할 수 있습니다).

편차치는 평균값이 50이고 표준편차가 10이므로 편차치가 60이라면 상위 15.87%, 편차치가 70이라면 상위 2.28%가 됩니다.

4-2 순위나 범위를 구해 목표 설정에 도움을 받자

4-1에서는 정규분포를 전제로 자신의 위치를 구하거나 비교하는 방법을 살펴보았습니다. 분포 평균과 표준편차만 안다면 위치나 범위를 구할 수 있었지만, 분포가 편중되어 극단적인 값이 있으면 적절한 결과를 얻을 수 없는 경우가 있습니다. 그럴 때는 순위를 바탕으로 위치를 구하면 분포 형태나 극단적인 값의 영향을 그다지 받지 않는 보다 적합한 결과를 얻을 수 있습니다.

 순위도 감각만으로 알 수 있을 것 같지만, 꽤 심오하다고.

순위를 구하거나 비교하려면

순위는 큰 것부터(혹은 작은 것부터) 순서대로 늘어놓았을 때 몇 번째에 위치하는가를 말합니다. 이렇게 설명할만한 것도 아니지만, 같은 값이 있을 때 순위를 매기는 방법에는 몇 가지가 있습니다. 또 퍼센트 단위로도 구할 수 있습니다.

분석 목적 · 데이터 형식

도수분포표 · 히스토그램

평균값 · 중앙값 표준편차 · 분산

순위 · 편차치 ABC 분석

상관관계 · 회귀 분석 · 중회귀분석

시계열 분석

평균값의 차이 검정 · 분산의 차이 검정

독립성 검정 · 상관 · 회귀 검정

부록 · 용어집

통계 레시피

같은 값이 있을 때의 순위를 구해봅시다.

방법 ┃ 같은 순위를 매기는 방법과 평균값을 할당하는 방법 중 하나를
사용한다.

이용하는 함수 ┃ RANK.EQ 함수, RANK.AVG 함수

순위를 구하기 위한 두 가지 방법

순위를 구하려면 RANK.EQ 함수와 RANK.AVG 함수를 사용할 수 있습
니다. RANK.EQ 함수는 같은 값이 있을 때 높은 순위를 동시에 부여합니
다. 한편 RANK.AVG 함수에서는 같은 점수 내 맨 위와 맨 아래 위치의 평
균을 순위로 여깁니다. 간단하게 예시를 살펴봅시다.

🔵 도표 4-8   **RANK.EQ 함수와 RANK.AVG 함수의 차이**

90점이 2명 있다.

점수	100	90	90	85	70
RANK.EQ에서의 순의	1	2	2	4	5
RANK.AVG에서의 순위	1	2.5	2.5	4	5

위 예시에는 90점이 2명 있습니다. 원래는 2위와 3위 자리지만, RANK.
EQ 함수는 높은 순위를 부여하기 때문에 모두 2위가 됩니다. 한편 RANK.
AVG 함수에서는 2위와 3위의 평균값인 2.5를 순위로 합니다. 어느 함수든
85점인 다음 사람은 4위가 됩니다.

그러면 밀가루 성분 추정 테스트의 데이터를 사용하여 알아봅시다. 수험자는 50명 있으므로 수험번호는 셀 A4~A53, 점수는 셀 B4~B54에 입력되어 있습니다. 차바울 주임은 수험번호 006번이며 성적은 75점입니다.

RANK.EQ 함수든 RANK.AVG 함수든 마지막 인수를 생략하거나 0으로 지정하면 큰 값에 상위 순위를 매길 수 있습니다. 1을 지정하면 작은 값이 상위가 됩니다. 데이터의 범위는 정렬되어 있지 않아도 상관없습니다.

실습 4-4 **75점의 순위를 구한다**   실습 파일 4_4

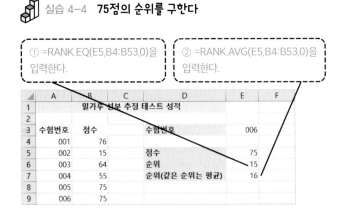

① =RANK.EQ(E5,B4:B53,0)을 입력한다.

② =RANK.AVG(E5,B4:B53,0)을 입력한다.

	A	B	C	D	E	F
1		밀가루 성분 추정 테스트 성적				
2						
3	수험번호	점수		수험번호	006	
4	001	76				
5	002	15		점수	75	
6	003	64		순위	15	
7	004	55		순위(같은 순위는 평균)	16	
8	005	75				
9	006	75				

75점인 사람이 3명 있으므로 RANK.AVG 함수의 결과는 15위, 16위, 17위의 평균값인 16위가 돼. 다음 순위는 18위야.

RANK 함수는 순위를 구하고 싶은 수치에 원래 데이터 범위에 없는 값을 지정하면 #N/A 에러가 발생하니 주의하세요.

퍼센트 단위로 순위를 구한다

순위라지만 15위나 16위가 좋은 성적인지 잘 알 수 없습니다. 50명 중 15위와 1,000명 중 15위는 가치가 너무도 다르니까요. 그러니 전체 중 몇 퍼센트 위치인가를 표현해 봅시다. 그러면 전체 수(모수)가 몇이라 해도 통일된 순위를 나타낼 수 있습니다.

통계 레시피

전체 수가 다른 경우에도 순위를 비교할 수 있도록 해봅시다.

방법 | 퍼센트 단위로 순위를 구한다.

이용하는 함수 | PERCENTRANK.INC 함수, PERCENTRANK.EXC 함수

퍼센트 단위(백분율)로 순위를 구하려면 PERCENTRANK.INC 함수와 PERCENTRANK.EXC 함수를 사용합니다. PERCENTRANK.INC 함수는 최상위를 1, 최하위를 0으로 하는 퍼센트 단위 순위를 반환하며, PERCENTRANK.EXC 함수는 1과 0을 포함하지 않는 퍼센트 단위 순위를 반환합니다.

분석 목적 · 데이터 형식

도수분포표 · 히스토그램

평균값 · 중앙값 표준편차 · 분산

순위 · 편차치 ABC 분석

상관관계 · 회귀 분석 · 중회귀분석

시계열 분석

평균값의 차이 검정 · 분산의 차이 검정

상관 · 회귀 검정 독립성 검정

부록 용어집

🌑 도표 4-9 PERCENTRANK.INC 함수와 PERCENTRANK.EXC 함수의 차이

점수	100	90	90	85	70	60	50
PERCENTRANK.INC 에서의 순위	1	0.667	0.667	0.5	0.333	0.167	0
PERCENTRANK.EXC 에서의 순위	0.875	0.625	0.625	0.5	0.375	0.25	0.125

　PERCENTRANK.INC 함수는 선두를 0번으로 하고 데이터의 개수를 n개라고 했을 때 k번째 데이터를 $1-k \div (n-1)$의 위치라 표현합니다. 다만 같은 순위에는 하위 번호를 부여해 계산합니다. 예를 들어 100점이 0번이 되고 90점은 두 개가 있으므로 1번이 아니라 2번이 됩니다. 이 경우 90점의 순위는 k=2, n=7이므로 $1-2 \div (7-1)=0.666\cdots$, 즉 66.7%가 됩니다.

　반면에 PERCENTRANK.EXC 함수는 선두를 1번으로 하고 k번째 데이터를 $1-k \div (n+1)$의 위치로 표시합니다. 역시 같은 순위에서는 하위 번호를 부여해 계산합니다. 따라서 90점의 순위는 k=3, n=7이므로 $1-3 \div (7+1)=0.625$, 즉 62.5%가 됩니다.

=PERCENTRANK.INC(B4:B53,E5)

퍼센트 단위에서 순위를 구한다 데이터의   순위를 구하고
(1과 0을 포함한다)   범위   싶은 수치

=PERCENTRANK.EXC(B4:B53,E5)

퍼센트 단위에서 순위를 구한다 데이터의   순위를 구하고
(1과 0을 포함하지 않는다)   범위   싶은 수치

　이것도 밀가루 성분 추정 테스트 데이터를 이용해 알아봅시다. 이 함수들로는 원래 데이터의 범위에 없는 값도 순위를 구할 수 있습니다. 이럴 때는

보간※이 시행되어 결과를 구합니다.

※ 보간: 변수 x의 함수 $f(x)$의 형태는 알 수 없으나 몇 가지 x_i에 대한 함숫값 $f(x_i)$가 알려져 있을 때 그 사이의 임의의 x에 대한 함수값을 추정하는 것.

 실습 4-5 **75점의 퍼센트 단위 순위를 구한다.** | 실습 파일 4_5

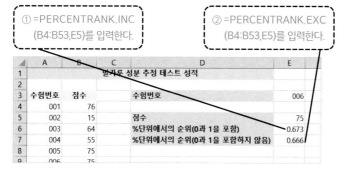

① =PERCENTRANK.INC
(B4:B53,E5)를 입력한다.

② =PERCENTRANK.EXC
(B4:B53,E5)를 입력한다.

 INC는 include(포함하다), EXC는 exclude(제외하다)의 약자야.

결과는 소수로 표시되지만, 표시 형식을 퍼센트 스타일로 바꾸면 67.3%, 66.6%라고 표시됩니다. 이렇게 모수에 차이가 있어도 통일된 순위를 표시할 수 있습니다.

 퍼센트 단위로 순위를 구할 때 소수점 이하의 표시 자릿수를 지정하려면

PERCENTRANK.INC 함수나 PERCENTRANK.EXC 함수에서는 세 번째 인수로 유효 자릿수를 지정할 수 있습니다. 유효 자릿수를 생략하면 3이 지정된 것이라 간주하고 수수점 아래 세 자리까지 구합니다.

성적 상위권이 되려면 몇 점을 받아야 하는가?

차바울 주임의 성적은 순위로는 15위 근처, 퍼센트 단위로는 67% 부근입니다. 그러면 10위 안으로 들어가려면 몇 점을 얻어야 할까요? 또 상위 15%에 들어가려면 몇 점을 얻어야 할까요?

10위 안으로 들어가는 점수를 구한다

높은 점수부터 계산해 몇 번째 값인지를 구하려면 LARGE 함수를 사용하고, 낮은 점수부터 계산해 몇 번째 값인지를 구하려면 SMALL 함수를 사용합니다. 10위 안으로 들어가기 위한 성적을 구해봅시다. 점수가 높은 쪽이 상위이므로 LARGE 함수를 사용합니다. 인수에 지정하는 데이터 범위는 정렬되어 있지 않아도 상관없습니다.

통계 레시피
순위, 그 위치의 값을 알아봅시다.

방법 | 상위부터 세서 값이 몇 위인지, 또 하위부터 세서 값이 몇 위인지를 구한다.

이용하는 함수 | LARGE 함수, SMALL 함수

=LARGE(B4:B53,10)

높은 점수부터 몇 위의 값인지를 구한다   데이터의 범위   순위

실습 4-6 **10위 안으로 들어가기 위한 성적을 구한다** | 실습 파일 4_6

	A	B	C	D	E	F
1	밀가루 성분 추정 테스트 성적					
2						
3	수험번호	점수		10위의 점수	78	
4	001	76				
5	002	15				
6	003	64				
7	004	55				

=LARGE(B4:B53,10)을 입력한다.

10위의 점수는 78점이므로 앞으로 3점을 더 획득하면 된다는 것을 알 수 있습니다. SMALL 함수도 인수 지정 방법은 같습니다.

상위 몇 퍼센트인가에 들어가는 값을 구한다

전체 중 몇 퍼센트인지에 해당하는 값을 퍼센타일 또는 퍼센타일값이라 부릅니다. 퍼센타일값은 PERCENTILE.INC 함수나 PERCENTILE.EXC 함수를 사용해 구합니다. PERCENTILE.INC 함수는 최댓값을 1로 하고 최솟값을 0으로 하지만, PERCENTILE.EXC 함수는 1과 0을 포함하지 않습니다.

통계 레시피

퍼센트 단위로 순위부터 그 위치의 값을 알아봅시다.

방법 | 퍼센타일값을 구한다.

이용하는 함수 | PERCENTILE.INC 함수, PERCENTILE.EXC 함수

=PERCENTILE.INC(B4:B53,0.85)

퍼센타일값을 구한다   데이터의   퍼센타일값을
(1과 0을 포함)   범위   구하기 위한 비율

=PERCENTILE.EXC(B4:B53,0.85)

퍼센타일값을 구한다   데이터의   퍼센타일값을
(1과 0을 포함하지 않는다)   범위   구하기 위한 비율

그렇다면 상위 15%에 도달하기 위해서는 몇 점을 획득하면 좋을지, 그 값부터 구해봅시다. PERCENTILE.INC 함수나 PERCENTILE.EXC 함수에서는 하위부터 계산해서 전체 중 몇 퍼센트 값인지를 지정합니다. 상위 15%라면 85%에 해당하는 값, 즉 85퍼센타일값을 구하는 것입니다.

실습 4-7   85퍼센타일값을 구한다

실습 파일 4_7

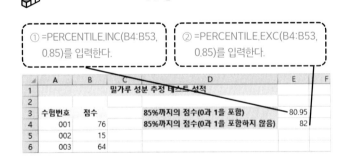

① =PERCENTILE.INC(B4:B53, 0.85)를 입력한다.   ② =PERCENTILE.EXC(B4:B53, 0.85)를 입력한다.

▲	A	B	C	D	E	F
1			밀가루 성분 추정 테스트 성적			
2						
3	수험번호	점수		85%까지의 점수(0과 1을 포함)	80.95	
4	001	76		85%까지의 점수(0과 1을 포함하지 않음)	82	
5	002	15				
6	003	64				

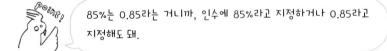

85%는 0.85라는 거니까, 인수에 85%라고 지정하거나 0.85라고 지정해도 돼.

상위 15%에 들어가려면 81점 내지는 82점을 받아야 한다는 것을 알 수 있

있습니다. LARGE 함수나 SMALL 함수에서는 10위나 20위라는 정수의 순위밖에 지정할 수 없으나, PERCENTILE.INC 함수나 PERCENTILE.EXC 함수에서는 0.85와 같이 소수도 지정할 수 있습니다.

사분위간 범위와 바깥값을 알아보자

퍼센타일값 중 25퍼센타일값을 제1사분위수, 75퍼센타일값을 제3사분위수라고 부릅니다. 전체를 작은 순서대로 나열해 네 개로 나눈 것 중 처음 한 개까지가 제1사분위수에 해당하고 처음 세 개까지가 3사분위수에 해당하는 겁니다.

◑ 도표 4-10 **사분위수와 사분위간 범위**

또한 0퍼센타일값은 최솟값에, 50퍼센타일값(제2사분위수)은 중앙값에, 100퍼센타일값은 최댓값에 해당합니다. 나중에 다시 자세히 설명하겠지만, 사분위간 범위는 제3사분위수−제1사분위수로 구할 수 있습니다. 바깥값은 극단적으로 작은 값이나 극단적으로 큰 값을 말합니다.

사분위수를 구한다

사분위수는 PERCENTILE.INC 함수나 PERCENTILE.EXC 함수로도 구할 수는 있지만, QUARTILE.INC 함수나 QUARTILE.EXC 함수를 사용합

분석 목적·
데이터 형식

도수분포표·
히스토그램

평균값·중앙값
표준편차·분산

순위·편차치
ABC 분석

상관관계·회귀
분석·중회귀분석

시계열 분석

평균값의 차이
검정·분산의 차이 검정

상관·회귀 검정
독립성 검정·

부록·
용어집

니다. 결과는 동일하지만, 후자의 함수가 사분위수를 구하기 위한 함수이기 때문입니다.

통계 레시피
전체 1/4에 해당하는 값이나 전체 3/4에 해당하는 값을 구해봅시다.

방법 ㅣ 제1사분위수나 제3사분위수를 구한다.

이용하는 함수 ㅣ QUARTILE.INC 함수, QUARTILE.EXC 함수

QUARTILE.INC 함수는 최댓값을 1로 하고 최솟값을 0으로 하지만, QUARTILE.EXC 함수는 1과 0을 포함하지 않습니다.

밀가루 성분 추정 테스트 데이터를 사용해도 괜찮겠지만, 바깥값이 없으므로 다른 데이터로 알아봅시다. 실습 파일 4_8은 임대 아파트의 부동산 데이터를 모은 것으로 집세 데이터가 셀 G4~G53에 입력되어 있습니다. 이 집세의 사분위수와 사분위간 범위를 구해봅시다.

실습 4-8 **제1사분위수, 제3사분위수, 사분위간 범위를 구한다** 실습 파일 4_8

	A	B	C	D	E	F	G	H	I	J
1			아파트 부동산 데이터							
2										
3	No.	역까지 도보 거리	건축 년수	층	방 구조	면적	집세 (십만)		제1사분위수(0과 1을 포함)	6.825 ❶
4	1	7	19	2	2LDK	38.35	14.9		제3사분위수(0과 1을 포함)	10.88 ❷
5	2	3	22	2	1K	22.85	7.4		사분위범위	4.05 ❸
6	3	3	22	4	1K	21.96	8			
7	4	3	22	6	1K	21.96	8		제1사분위수(0과 1을 포함하지 않음)	6.8 ❹
8	5	3	34	7	1R	18.03	5		제3사분위수(0과 1을 포함하지 않음)	11 ❺
9	6	4	16	3	1DK	36.83	11.2		사분위범위	4.2 ❻
10	7	6	26	2	1K	17.62	5.3			

❶ =QUARTILE.INC(G4:G53,1)을 입력한다.
❷ =QUARTILE.INC(G4:G53,3)을 입력한다.
❸ J4-J3을 입력한다.
❹ =QUARTILE.EXC(G4:G53,1)을 입력한다.
❺ =QUARTILE.EXC(G4:G53,3)을 입력한다.
❻ J8-J7을 입력한다.

Point!

하위에서 1/4에 해당하는 집세는 68만 원 정도라는 걸 알 수 있어.

사분위수나 사분위간 범위는 데이터의 분포나 많은 데이터를 포함한 범위를 알아보는데 자주 사용됩니다.

분석 목적 · 데이터 형식

도수분포표 · 히스토그램

평균값 · 중앙값 표준편차 · 분산

순위 · 편차치 ABC 분석

상관관계 · 회귀 분석 · 중회귀분석

시계열 분석

평균값의 차이 검정 · 분산의 차이 검정

상관 · 회귀 검정 독립성 검정 ·

부록 · 용어집

상자 수염 그림을 만든다(엑셀 2016부터 가능)

사분위수를 바탕으로 상자 수염 그림이라 불리는 그래프를 작성하면 분포 상태나 바깥값을 시각화할 수 있습니다.

통계 레시피

분포 범위나 바깥값을 시각화 해봅시다.

방법 | 상자 수염 그림을 만든다. (Excel 2016부터 가능)

Excel 2016부터는 미리 사분위수나 사분위간 범위를 구하지 않아도 원래의 데이터에서 상자 수염 그림을 만들 수 있습니다.

 실습 4-9 **상자 수염 그림을 만든다** 실습 파일 4_8

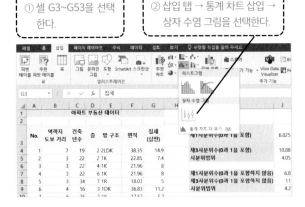

제목을 붙이고 서식을 정돈하면 그래프가 완성됩니다.

분석 목적·데이터 형식

도수분포표·히스토그램

평균값·중앙값 표준편차·분산

순위·편차치 ABC 분석

상관관계·회귀분석 분석·중회귀분석

시계열 분석

평균값의 차이 검정 분산의 차이 검정

상관·회귀 검정 독립성 검정

부록 용어집

◑ 도표 4-11 상자 수염 그림 작성 예시

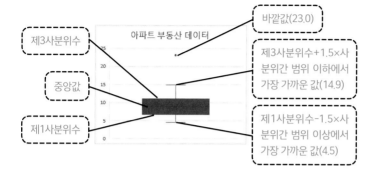

상자 수염 그림은 사분위간 범위를 상자로 표현하며, 제1사분위수−1.5×사분위간 범위 이상의 가장 가까운 값과 제3사분위수+1.5×사분위간 범위 이하의 가장 가까운 값을 수염으로 표시합니다.

부동산 데이터에서는 제1사분위수가 6.8, 제3사분위수가 11이라고 되어 있으므로(0과 1을 포함하지 않는 경우), 6.8~11이 상자가 됩니다.

또 사분위간 범위는 11−6.8이므로 4.2입니다. 따라서 수염의 위치는 6.8−1.5×4.2=0.5 이상에서 가장 가까운 값(최솟값인 4.5)과 11+1.5×4.2=17.3 이하에서 가장 가까운 값(14.9)이 됩니다.

이 경우 수염의 바깥쪽에 있는 값은 동떨어진 값이므로 바깥값이라고 부릅니다. 부동산 데이터에서는 23이 바깥값입니다.

작성된 그래프가 도표 4-11과 다르다면 데이터 계열 서식 설정 화면에서 설정을 변경해봅시다.

실습 4-10 **상자 수염 데이터 계열 서식을 설정한다**

① 계열(그래프의 상자 부분)을 우클릭하고 데이터
계열 서식 → 데이터 계역 서식 설정을 연다.

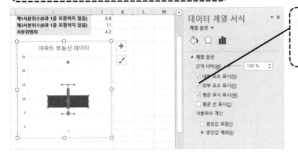

② 외부 요소 표시를
체크하면 바깥값
이 표시된다.

 사분위 계산의 중앙값 포함과 중앙값 제외란?

위 화면에서 중앙값 포함을 선택하면 QUARTILE.INC 함수로 구할 수 있는 값이 상자 수염 그림 작성에 사용되고 중앙값 제외를 선택하면 QUARTILE.EXC 함수로 구할 수 있는 값이 사용됩니다.

 상자 수염 그림으로 분포의 편중도 알 수 있어. 넓게 분포하고 있는 쪽으로 상자 수염 그림이 길어지거든.

전체에서 차지하는 비율을 바탕으로 타깃을 잡자

이제까지 위치나 비율에 관해 살펴보았습니다. 이제는 어떤 항목이 전체에서 얼마만큼의 비율을 차지하고 있는지 알아보는 방법도 살펴봅시다. 예를 들어 어느 지점의 매출이 전 지점 매출총액의 몇 퍼센트를 차지하는가, 어떤 상품의 매출이 전체 매출액의 몇 퍼센트를 차지하는가 하는 것입니다. 전체에서 차지하는 비중이 큰 항목은 주요 타깃이 됩니다.

> 표적에 맞출 확률을 높이려면 큰 표적을 노리면 돼. 정밀도를 높이는 방법도 물론 중요하지만~

비율을 구해서 시각화한다

비율은 각각의 값÷전체의 값으로 구할 수 있습니다. 전체를 구성하는 것 중 얼마만큼의 비율을 차지하는가?라는 의미로 구성비라고 부르기도 합니다. 여기서는 상품 제조 단계 트러블의 원인을 조사한 데이터를 사용해 봅시다.

통계 레시피

전체 중 큰 비율을 차지하는 항목을 알아봅시다.

방법 | 구성비를 구하거나 원그래프를 작성한다.

준비 | 내림차순으로 정렬해둔다.

분석 목적·데이터 형식

도수분포표·히스토그램

평균값·중앙값 표준편차·분산

순위·편차 ABC 분석

상관관계·회귀 분석·중회귀분석

시계열 분석

평균값의 차이 검정·분산의 차이 검정

독립성 검정·상관·회귀 검정

부록 용어집

구성비를 구한다

구성비는 단순한 나눗셈으로 구할 수 있습니다. 전체(합계)를 절대 참조로 해두면 수식을 복사하는 것만으로도 모든 구성비를 구할 수 있어서 빠르게 표를 만들 수 있습니다.

실습 4-11 제조 트러블의 구성비를 구한다 | 실습 파일 4_9

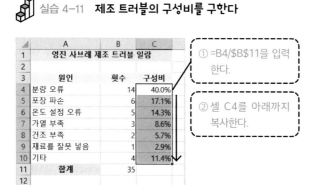

① =B4/$B$11을 입력한다.

② 셀 C4를 아래까지 복사한다.

C열의 값이 소수로 보일 겁니다. 표시 형식을 퍼센트 스타일로 변경하면 위 화면처럼 표시됩니다.

구성비를 시각화한다

구성비를 시각화하는데 적합한 그래프는 원그래프입니다. 어느 항목이 얼마만큼의 비율을 차지하고 있는지를 한눈에 알 수 있기 때문입니다. 선두의 값부터 순서대로 그래프를 그릴 수 있으므로 큰 값이 처음에 그려지도록 내림차순으로 정렬해 둘 필요가 있습니다. 단, 기타는 마지막에 표시해야 하므로 정렬 대상에서 제외합니다.

실습 4-12 **원그래프를 사용해 구성비를 시각화한다** | 실습 파일 4_9

① 셀 A3~B10을 미리 선택해둔다.

② 삽입 탭 → 원형 또는 도넛형 차트 삽입 → 원형을 선택한다.

	A	B	C
1	영진사브레 제조 트러블 일람		
2			
3	원인	횟수	구성비
4	분량 오류	14	40.0%
5	포장 파손	6	17.1%
6	온도 설정 오류	5	14.3%
7	가열 부족	3	8.6%
8	건조 부족	2	5.7%
9	재료를 잘못 넣음	1	2.9%
10	기타	4	11.4%
11	합계	35	

횟수

■ 분량 오류　■ 포장 파손　■ 온도 설정 오류
■ 가열 부족　■ 건조 부족　■ 재료를 잘못 넣음
■ 기타

특별히 범위를 지정하지 않고 표 안의 하나의 셀을 활성 셀로 만든 상태에서 그래프를 만들면 합계의 값도 포함되기 때문에 의미 없는 그래프가 됩니다. 이럴 때는 그래프를 만들고 나서 계열 범위를 변경하여 합계 값을 계열에서 제외하면 됩니다.

Tips **그래프화하는 데이터 계열의 범위를 간단히 변경하려면**

원래 데이터의 범위에 표시되어 있는 파란 테두리의 모서리 핸들을 드래그합니다. 일부 값을 그래프에서 제외할 때 편리한 조작법입니다.

원그래프는 원래 데이터로도 작성할 수 있지만, 값을 확인할 수 있도록 구성비도 제대로 구해두는 편이 좋겠죠?

중점 항목 파악에는 ABC 분석이 도움이 된다

구성비가 큰 항목은 다양한 의미로 중요한 항목입니다. 제조 단계의 트러블이 예시라면, 가장 구성비가 큰 분량 오류가 왜 일어나는지를 빠르게 조사할 필요가 있다는 걸 알 수 있습니다. 더불어 패키지 파손이나 온도 조절 오류도 조사가 필요해 보이지만, 모든 항목에 대응하는 것은 불가능하므로 어디까지를 중점 항목으로 할 것인지 분리가 필요합니다.

이러한 분리에 도움이 되는 것이 파레토를 사용한 ABC 분석입니다. Excel 2016에서는 파레토를 간단히 작성할 수 있습니다. 이론은 뒤로 미뤄 두고 그래프 작성부터 시작해봅시다.

통계 레시피
중점 항목을 알아봅시다.

방법 ｜ ABC 분석을 시행한다.

준비 ｜ 파레토를 작성한다.

파레토를 작성한다

파레토를 작성하면 각 항목의 값이 막대그래프로 표시되며 구성비의 누계가 꺾은선 그래프로 표시됩니다. 파레토에서는 값이 정렬되어 있지 않아도 자동으로 내림차순 정렬된 그래프가 생성됩니다.

실습 4-12 **파레토를 작성한다**

실습 파일 4_10

① 셀 A3~B10을 미리 선택한다.

② 삽입 탭 → 통계 차트 삽입 → 파레토를 선택한다.

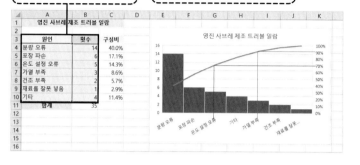

 꺾은선 그래프는 시간의 변화에 따른 추이를 보는 데도 적합하지만, 이 예시처럼 수량이 누적되는 모습을 나타낼 때도 사용해.

ABC 분석을 시행한다

파레토를 작성했으면 오른쪽 축의 70% 위치부터 꺾은선 그래프를 향해 선을 긋고 꺾은선 그래프와 만나는 점에서 아래로 선을 긋습니다. 또 90% 위치에서도 똑같이 선을 긋습니다.

◐ 도표 4-12 **ABC 분석의 순서**

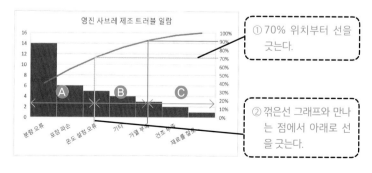

① 70% 위치부터 선을 긋는다.

② 꺾은선 그래프와 만나는 점에서 아래로 선을 긋는다.

전체 70%까지의 항목을 클래스 A, 90%까지의 항목을 클래스 B, 그 이후의 항목을 클래스 C라고 합시다. 이 예시라면 분량 오류부터 온도 설정 오류가 클래스 A가 되고, 가열 부족까지가 클래스 B가 됩니다.

클래스 A는 가장 중요한 항목입니다. 클래스 A의 원인을 없애면 트러블의 70%는 해결됩니다. 매출에 관한 데이터가 있다면 전체 매출의 70%에 공헌하고 있는 고객이나 인기 상품을 파악할 수 있습니다.

한편 클래스 C는 중요성이 낮은 항목으로 평가받고 있는데, 그렇다고 무시해도 된다는 게 아닙니다. 빈도는 낮아도 중요한 문제가 숨겨져 있을 가능성이 있습니다.

고객이라면 조치를 하여 매출에 공헌할 수 있게 될지도 모르고, 상품이라면 비율은 높지 않더라도 스테디 상품일지도 모릅니다. 물론 경위나 상황에 따라 판매 중지라는 판단이 필요할 수도 있죠.

고객이나 상품의 수가 지극히 많은 경우에는 많은 항목이 클래스 C에 위치하기도 합니다. 파레토를 작성하면 긴 꼬리를 당기고 있는 듯한 모양이 되는데, 그 부분을 롱테일이라고 부릅니다. 다품종 소량생산 및 판매를 할 경우에는 롱테일 상품을 얼마나 효율적으로 취급하는지가 중요합니다.

이제까지 무엇이 중요한지를 느낌으로만 판단하고 있었어요. 착수해야 하는 과제에 우선순위를 매겨 진행하면 시간과 인원을 잘 배분할 수 있을 것 같아요.

착실하게 유력한 것을 공략하는 것도 중요하지만, 때로는 가능성에 걸어보는 대담함도 필요해.

제 5 장

관계에서 문제 해결의
실마리를 얻다

상관관계 · 회귀분석 · 중회귀분석

STORY

사람 좋은 차바울 주임은 또 무언가 부탁을 받은 것 같습니다. 총무부 동기가 집세 보조 기준을 검토하기 위해 임대 주택의 집세를 분석하고 싶다고 하네요. 차바울 주임은 집세의 평균이나 표준편차만으로는 충분하지 못하고 방 구조나 면적, 건축년수, 역까지 도보 시간 등의 관계도 필요하다고 생각하는 듯합니다.

집세에는 어떤 요인이 영향을 미치고 있는가?

집세가 다양한 요인으로 결정된다는 것은 상식적으로 이해할 수 있지만, 이제까지 살펴본 분석 방법만으로는 방 구조나 면적, 건축년수, 역까지 도보 시간 등의 관계를 알수 없습니다. 사실 매출이나 성적도 다양한 요인과 관련되어 있습니다. 여러 변수 간의 관계를 알아보려면 어떤 분석을 하면 좋을까요?

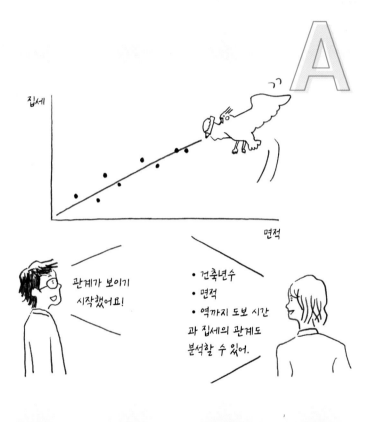

분석 목적 · 데이터 형식

도수분포표 · 히스토그램

평균값 · 중앙값 표준편차 · 분산

순위 · 편차치 ABC 분석

상관관계 · 회귀 분석 · 중회귀분석

시계열 분석

평균값의 차이 검정 · 분산의 차이 검정

독립성 검정 상관 · 회귀 검정

부록 · 용어집

관계를 시각화하여 요인의 영향을 살펴보다

변수 간의 관계라고 하면 잘 모르겠지만, x와 y의 관계라고 하면 중학교에서 배웠던 좌표나 1차 함수를 떠올릴 수 있습니다. 예를 들어 면적을 가로축으로, 집세를 세로축으로 두고 점을 찍어가면 관계가 보이기 시작할 겁니다. 이처럼 그래프를 작성해서 관계를 시각화하는 부분부터 시작해 상관계수와 회귀분석에 착수해 보겠습니다.

5-1 관계의 강도를 시각화하거나 수치화하자

 4장까지는 분포의 특징을 조사하거나 대푯값을 구했습니다. 비교하거나 순위나 비율을 구하기도 했지만, 다룬 것은 인터넷 이용 시간이나 상품의 평가, 테스트의 점수 등 하나의 변수뿐이었습니다. 이 변수들은 목표 설정이나 타깃 선택에는 도움이 되지만, 어떻게 대응하면 좋을지 알아보기는 어려웠습니다.

 이번 장에서는 관계에 주목하려고 합니다. 분산형 차트를 작성하여 관계를 시각화한 후, 상관계수를 구해 관계의 강도를 평가해 봅니다. 게다가 한쪽 변수의 값부터 다른 쪽 변수의 값을 예측하는 방법도 살펴봅시다.

 관계를 알면 어떠한 요인에 주목해서 어떠한 대책을 채택하면 좋을지를 생각하기 위한 단서를 얻을 수 있습니다.

집세 이야기뿐 아니라 매출 분석에도 이용할 수 있어. 매출과 관련 있는 것이 무엇인지 알면, 영업 전략을 세우기 위한 단서가 되니까.

면적과 집세의 관계를 분석하려면

 가족 구성에 따라 최적의 방 구조가 다릅니다. 1인 가구라면 원룸이나 방 하나 주방 하나(1K)로도 충분하지만, 부부와 자녀 2명이라면 방 두 개에 주방 하나(2DK)는 되어야 합니다. 자녀가 성장하면 방이 하나 더 있으면 좋겠죠. 방 구조와 집세의 관계를 알면 가족 구성에 따른 대강의 집세도 알 수 있습니다.

분석 목적·데이터 형식

도수분포표·히스토그램

평균값·중앙값 표준편차·분산

순위·편차치 AㅋC 분석

상관관계·회귀 분석·중회귀분석

시계열 분석

평균값의 차이 검정 분산의 차이 검정

독립성 검정 상관·회귀 검정

부록·용어집

※ 일본의 방 구조는 LDK로 표현합니다. L(Living), D(Dining), K(Kitchen)을 의미합니다.

여기서는 방 구조 대신에 보다 알기 쉬운 부동산의 면적과 집세의 관계를 조사해봅시다.

분산형 차트로 관계를 시각화하자

관계를 시각화하려면 분산형 차트가 도움이 됩니다. 면적과 집세의 관계를 알 수 있도록 분산형 차트를 작성해봅시다. 아래의 도표에서는 가로축이 면적, 세로축이 집세입니다.

● 도표 5-1 **분산형 차트 예시**

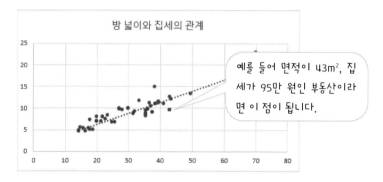

예를 들어 면적이 43m², 집세가 95만 원인 부동산이라면 이 점이 됩니다.

통계 레시피

관계를 시각화 해봅시다.

방법 | 분산형 차트를 작성한다.

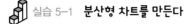

실습 5-1 **분산형 차트를 만든다**

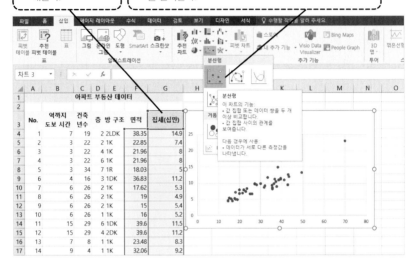

실습 파일 5_1

① 셀 F3~G53을 선택
해둔다.

② 삽입 탭 → 분산형(X, Y) 또는 거품형 차트 삽입 → 분산형
을 선택한다.

분산형 차트를 보면, 면적이 증가하면 집세도 높아진다는 것을 알 수 있습니다. 이 관계를 직선적이라고 말할 수 있습니다.

 Tips 분산형 차트의 점 근처를 통과하는 직선을 표시하려면

계열(분산형 차트의 아무 점)을 우클릭해서 추세선 추가(지수/선형/로그/다항식/거듭제곱/이동 평균)를 선택하면, 각 점 근처를 지나는 직선을 그릴 수 있습니다. 직선적인 관계가 상정될 때는 선형을 선택합니다. 위의 예시에서는 다항식을 선택하면 우측 상단의 떨어져 있는 점 쪽으로 향하는 곡선을 그릴 수 있지만, 큰 오차값으로 향하는 것일 수도 있으므로 주의가 필요합니다.

면적과 집세는 관계가 있을 걸 알았지만, 시각화하니 더 명확해
지네요.

상관관계를 구하고 관계의 강도를 알아본다

면적과 집세처럼 한쪽 값이 증가하면 다른 쪽 값도 증가하는 관계를 상관
관계라고 합니다.

🌙 **도표 5-2** **상관관계의 이미지**

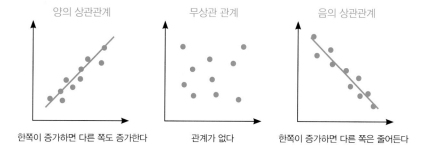

상관관계를 수치로 나타내려면 상관계수가 필요합니다. 상관계수는 두 가
지 변수의 관계 강도를 나타내는 값입니다. 값은 −1~1의 범위이며 아래와
같은 의미가 있습니다.

- 1에 가깝다 : 양의 상관관계 (한쪽이 증가하면 다른 쪽도 증가한다.)
- 0에 가깝다 : 무상관 관계 (상관이 없다.)
- −1에 가깝다 : 음의 상관관계 (한쪽이 증가하면 다른 쪽은 줄어든다.)

분석 목적 ·
데이터 형식

도수분포표 ·
히스토그램

평균값 · 중앙값 ·
표준편차 · 분산

순위 · 편차치
ABC 분석

상관관계 · 회귀
분석 · 중회귀분석

시계열 분석

평균값의 차이
검정 · 분산의 차이
검정

상관 · 회귀 검정 ·
독립성 검정

부록 ·
용어집

통계 레시피

두 가지 변수의 관계 강도를 알아봅시다.

방법 | 상관관계를 구한다.

이용하는 함수 | CORREL 함수

다만 확실히 알아두어야 할 것이 상관계수는 직선의 기울기를 나타내는 값이 아닙니다. 직선 근처에 데이터가 얼마나 모여있는가 하는 이미지로 이해해도 상관없지만, 그렇지 않은 경우도 있습니다(대응하는 데이터의 평균값부터의 거리가 어느 정도 같은 방향으로 변화하는가 하는 것입니다). 상관계수를 구하려면 CORREL 함수를 사용합니다.

```
=CORREL(F4:F53,G4:G53)
```

상관계수를 구한다 / 면적이 입력되어 있는 범위 / 집세가 입력되어 있는 범위

 실습 5-2 면적과 집세의 상관계수를 구한다　　　| 실습 파일 5_2

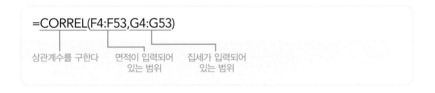

A	B	C	D	E	F	G	H	I	J
1			아파트 부동산 데이터						
2									
3	No.	역까지 도보 시간	건축 년수	층	방 구조	면적	집세(십만)		상관계수
4	1	7	19	2	2LDK	38.35	14.9		0.9031
5	2	3	22	2	1K	22.85	7.4		
6	3	3	22	4	1K	21.96	8		
7	4	3	22	6	1K	21.96	8		

=CORREL(F4:F53, G4:G53)을 입력

상관계수는 0.9031입니다. 1에 가까운 값이므로 면적과 집세에는 매우 강한 양의 상관관계가 있다는 것을 알 수 있습니다.

분석 목적 · 데이터 형식

도수분포표 · 히스토그램

평균값 · 표준편차 · 분산

순위 · 편차치 ABC 분석

상관관계 · 회귀 분석 · 중회귀분석

시계열 분석

평균값의 차이 검정 · 분산의 차이 검정

상관, 회귀 검정 · 독립성 검정

부록 · 용어집

아하, 기온과 맥주의 매출이라면 양의 상관관계, 기온과 휴대용 손난 로의 매출이라면 음의 상관관계가 되는 것이군요.

상관계수를 직접 계산해보자

표준편차나 분산의 의미를 생각했을 때와 마찬가지로 상관계수를 수작업으로 계산해봅시다. 과정은 조금 길지만, 계산 자체는 단순하므로 실제로 해보면 상관계수의 의미를 잘 알 수 있습니다.

🌘 도표 5-3 **상관계수를 구하기 위한 식**

총합계   각 데이터 평균값   각 데이터 평균값

$$\frac{\sum (x-\bar{x})(y-\bar{y})}{n \cdot S_x \cdot S_y}$$

데이터의 건수 x의 표본 표준편차 y의 표본 표준편차

(x는 x의 평균, y는 y의 평균, n은 데이터의 건수,
S_x는 x의 표본 표준편차, S_y는 y의 표본 표준편차)

이 수식대로 계산해봅시다. 다만 부동산 데이터는 데이터의 건수가 많고 전체 이미지를 살펴보기 어려우니 훨씬 간단한 예시를 사용해 보겠습니다. 실습 5-3의 표는 기온과 맥주의 출하 수에 관련된 데이터로, 기온이 셀 B4~B9에 입력되어 있고, 맥주의 출하 수가 셀 C4~C9에 입력되어 있습니다.

수식을 따라 순서를 쫓아가면 아래와 같습니다.

① $(x-\overline{x})$ 기온의 각 데이터와 평균값의 차를 구한다.

　　(이 값을 편차라고 합니다)

② $(y-\overline{y})$ 출하의 각 데이터와 평균값의 차를 구한다.

　　(이 값을 편차라고 합니다)

③ $\sum(x-\overline{x})(y-\overline{y})$ ①과 ②를 곱해서 그 합계를 구한다.

④ $\dfrac{\sum(x-\overline{x})(y-\overline{y})}{n}$ ③을 데이터의 건수 n으로 나눈다.

　　　　　　　　　(이 값을 등분산이라고 부릅니다)

⑤ $\dfrac{\sum(x-\overline{x})(y-\overline{y})}{n \cdot s_x \cdot s_y}$ ④를 기온의 표준편차 S_x와 출하 수의 표준편차 S_y로 나눈다. (이것이 상관계수입니다)

실습 5-3 　평균값과 표준편차를 구한다　　　　　　　　|　실습 파일 5_3

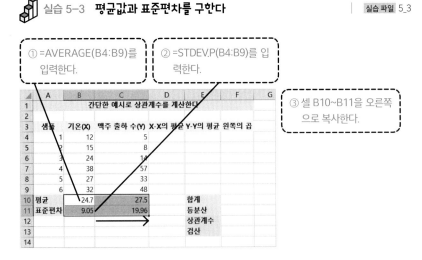

다음으로 각 데이터와 평균값과의 차(편차)를 구하고 이들의 곱을 모두 구해봅시다. 사용하는 것은 뺄셈과 곱셈뿐입니다.

데이터 형식 · 분석 목적

도수분포표 · 히스토그램

평균값 · 표준편차 · 분산 · 중앙값

순위 · 편차치 ABC 분석

상관계수 · 회귀 분석 중회귀분석

시계열 분석

분산의 차이 검정 · 평균값의 차이 검정

독립성 검정 · 상관, 회귀 검정

부록 용어집

실습 5-4 **편차의 곱을 구한다** | 실습 파일 5_3

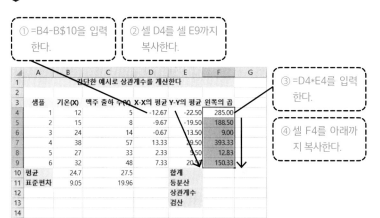

① =B4-B$10을 입력한다.

② 셀 D4를 셀 E9까지 복사한다.

③ =D4*E4를 입력한다.

④ 셀 F4를 아래까지 복사한다.

A	B	C	D	E	F	G
1	간단한 예시로 상관계수를 계산한다					
3 샘플	기온(X)	맥주 출하 수(Y)	X-X의 평균	Y-Y의 평균	왼쪽의 곱	
4 1	12	5	-12.67	-22.50	285.00	
5 2	15	8	-9.67	-19.50	188.50	
6 3	24	14	-0.67	-13.50	9.00	
7 4	38	57	13.33	29.50	393.33	
8 5	27	33	2.33	5.50	12.83	
9 6	32	48	7.33	20.50	150.33	
10 평균	24.7	27.5		합계		
11 표준편차	9.05	19.96		등분산		
12				상관계수		
13				검산		
14						

편차의 곱을 전부 더해서 데이터의 건수로 나누면 등분산을 구할 수 있습니다. 게다가 등분산을 기온과 출하 수의 표준편차의 곱으로 나누면 상관계수가 됩니다.

실습 5-5 **등분산을 구하고 나아가 상관계수를 구한다** | 실습 파일 5_3

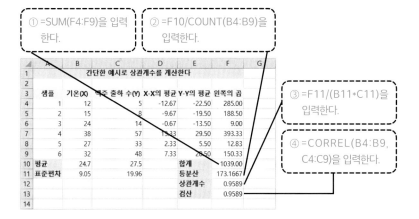

① =SUM(F4:F9)을 입력한다.

② =F10/COUNT(B4:B9)을 입력한다.

③ =F11/(B11*C11)을 입력한다.

④ =CORREL(B4:B9, C4:C9)을 입력한다.

A	B	C	D	E	F	G
1	간단한 예시로 상관계수를 계산한다					
3 샘플	기온(X)	맥주 출하 수(Y)	X-X의 평균	Y-Y의 평균	왼쪽의 곱	
4 1	12	5	-12.67	-22.50	285.00	
5 2	15	8	-9.67	-19.50	188.50	
6 3	24	14	-0.67	-13.50	9.00	
7 4	38	57	13.33	29.50	393.33	
8 5	27	33	2.33	5.50	12.83	
9 6	32	48	7.33	20.50	150.33	
10 평균	24.7	27.5		합계	1039.00	
11 표준편차	9.05	19.96		등분산	173.1667	
12				상관계수	0.9589	
13				검산	0.9589	
14						

중요한 것은 각 데이터와 평균값과의 차를 서로 곱한다는 점입니다. 예를 들어 기온이 평균값보다 높은 쪽으로 치우치면, 차이는 양이 됩니다. 대응하는 출하 수도 평균보다 높은 쪽으로 치우치면 역시 차이는 양이 됩니다. 이들의 곱은 양×양이므로 양의 값입니다.

한편, 기온이 평균값보다 낮은 쪽으로 치우치면 차이는 음이 됩니다. 대응하는 출하 수도 평균값보다 낮은 쪽으로 치우치면 차이는 음이 됩니다. 이들의 곱은 음×음이므로 양의 값이 됩니다. 따라서 기온과 출하 수가 똑같이 움직이면 이들의 합계는 양의 값이 되는 것입니다.

🌙 도표 5-4 **양의 상관관계의 경우, 편차 곱의 부호는 양이 된다**

● 기온과 맥주

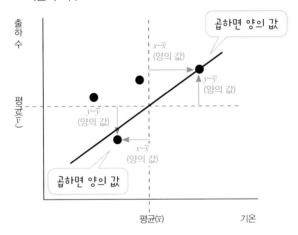

분석 목적 · 데이터 형식

도수분포표 · 히스토그램

평균값 · 중앙값 표준편차 · 분산

순위 · 편차치 ABC 분석

상관관계 · 회귀 분석 · 중회귀분석

시계열 분석

평균값의 차이 검정 · 분산의 차이 검정

독립성 검정 · 상관, 회귀 검정

부록 · 용어집

　기온과 휴대용 손난로 출하 수의 경우는 어떨까요? 기온이 평균값보다 높은 쪽으로 치우치면 차이는 양이 되지만, 대응하는 출하 수는 줄어들기 때문에 출하 수의 평균값과의 차이는 음이 됩니다. 이들의 곱은 양×음이므로 음의 값이 됩니다.

　한편, 기온이 평균값에서 낮은 쪽으로 치우치면 차이는 음이 되지만, 대응하는 출하 수와 평균값과의 차이는 양이 됩니다. 이들의 곱은 음×양이므로 역시 음이 됩니다. 따라서 기온과 출하 수가 반대로 움직이면 이들의 합계는 음의 값이 됩니다.

◐ 도표 5-5　양과 음의 상관관계의 경우, 편차 곱의 부호는 음이 된다

● 기온과 휴대용 손난로

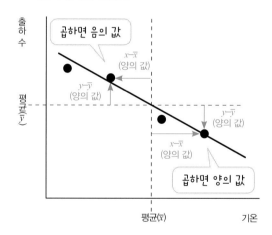

143

편차의 곱의 합을 데이터의 건수로 나눈 것은 편차의 곱의 평균값을 구하는 것과 같습니다. 즉, 양쪽의 변수가 같은 방향으로 움직이고 있는가, 반대 방향으로 움직이고 있는가의 평균값입니다.

게다가 표준편차로 나누는 건 값을 표준화하여 −1~1의 범위에 넣기 위해서입니다. 어떤가요? CORREL 함수만으로 상관계수를 구할 수 있지만, 계산 방법과 그 의미를 생각하면 왜 1에 가까우면 양의 상관관계이고 −1에 가까우면 음의 상관관계인지를 이해할 수 있을 것입니다.

상관계수를 이용할 때의 두 가지 유의점

상관계수는 관계의 강도를 나타내기 위해 자주 사용되지만, 오해나 오용도 자주 일어나니 주의가 필요합니다. 그러한 유의점을 알아봅시다.

유의점 ① : 상관관계는 인과관계가 아니다

예를 들어 인터넷 이용 시간과 영어 검정 시험(토익) 성적에 양의 상관관계가 있다고 합시다. 이를 바탕으로 인터넷 이용이 영어 습득에 필수라고 주장하는 사람이 있을지도 모릅니다. 그러나 상관관계가 반드시 인과관계라고 할 수는 없습니다. 인터넷을 이용하고 있기 때문에 영어 문장에 친숙해질 기회가 늘어나서 성적이 오른 것인지, 원래 영어를 잘했기 때문에 인터넷을 거부감 없이 이용할 수 있는지는 알 수가 없습니다.

데이터 형식 · 분석 목적

도수분포표 · 히스토그램

표준편차 · 평균값 · 중앙값 · 분산

순위 · 편차치 ABC 분석

상관관계 · 회귀 분석 · 중회귀분석

시계열 분석

평균값의 차이 검정 · 분산의 차이 검정

상관 · 회귀 검정 · 독립성 검정

부록 · 용어집

◐ 도표 5-6 상관관계와 인과관계는 다르다

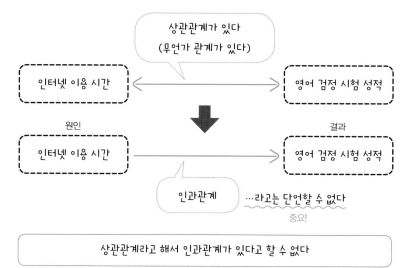

여기서는 알기 쉬운 예시를 들었기 때문에 상관관계와 인과관계를 혼동하는 일이 없을 테지만, 유의점을 의식하지 않으면 지레짐작하여 혼동하기 쉽습니다. 또한, 인과관계가 있는 것처럼 교묘하게 유도하는 경우도 있으므로 주의가 필요합니다.

더욱이 인터넷 이용 시간과 영어 검정 시험의 상관관계는 표면적일지도 모릅니다. 영어 검정 시험은 학교의 정기 시험과는 달리 학년 구별 없이 치르므로 단순히 나이가 많아서 성적이 좋았을지도 모릅니다. 또 나이가 많아짐에 따라 학교 과제나 취미로 인터넷을 사용하게 된 것일지도 모릅니다. 실제로는 나이와 인터넷 이용 시간의 상관관계였다는 거죠.

이처럼 진정한 상관관계가 따로 있음에도 불구하고 표면적으로 상관관계가 보이는 것을 허위상관관계라고 합니다. 인과관계의 혼동과 더불어 허위상관관계에도 주의가 필요합니다.

● 도표 5-7   그 상관관계는 허위상관관계일지도 모른다

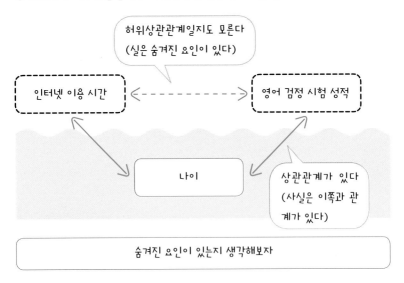

분석 목적 · 데이터 형식

도수분포표 · 히스토그램

평균값 · 중앙값 표준편차 · 분산

순위 · 편차치 ABC 분석

상관관계 · 회귀분석 · 중회귀분석

시계열 분석

평균값의 차이 검정 · 분산의 차이 검정

독립성 검정 · 상관 · 회귀 검정

부록 · 용어집

인기와 실력의 관계를 순위상관으로 알아보자

인기도가 높은 상품은 매출액도 클 것이라고 생각합니다. 그러나 인기도가 높아도 고가의 소재를 사용하고 품이 많이 드는 상품은 가격이 높을 것이므로 매출로 이어지지 않는 경우도 있을 겁니다. 그래서 이번에는 인기 순위와 매출의 관계를 살펴보려고 합니다. 앞에서 배운 상관계수를 사용할 수 있을 것 같지만, 순위를 그대로 계산에 사용할 수는 없습니다. 순위라고 해서 값이 같은 간격으로 늘어서 있지는 않기 때문입니다. 1위와 2위의 간격과 2위와 3위의 간격은 다른 것이 보통입니다. 값 자체가 아니라 순위를 사용해 관계를 조사하려면 순위상관을 사용합니다.

고민않고 계산하면 의미없는 결과가 나오겠네요?

맞아. 기온과 거리처럼 눈금이 같은 간격으로 늘어선 데이터라면 이제까지 살펴본 상관계수를 사용할 수 있지만, 순위를 나타내는 데이터의 경우는 순위 상관이야.

통계 레시피

순위를 바탕으로 두 가지 변수의 관계 강도를 알아봅시다.

방법 | 스피어만 순위상관계수를 구한다.

이용하는 함수 | SUM 함수, COUNT 함수

순위상관에는 스피어만 순위상관과 켄달 순위상관이 있는데, 여기서는 계산이 간단한 스피어만 순위상관계수를 구해봅시다.

총합　(한쪽 순위 – 다른 쪽 순위)의 제곱

$$1 - \frac{6 \times \sum (x_i - y_i)^2}{n(n^2 - 1)}$$

데이터의 건수

(x_i와 y_i는 각 데이터, n은 데이터의 건수)

계산 방법은 아래와 같습니다.

- 대응하는 값의 차이 제곱을 구한다.
- 상기 값의 합계를 구한다.
- 1–6×합계÷(건수×(건수의 제곱–1))을 구한다.

반복해 이야기하지만, 수식으로 표현하는 것은 일부러 어렵게 써서 심술을 부리기 위한 것이 아니라 문장으로 쓰면 길어지는 이야기를 간단히 표현하기 위해서입니다.

여하튼 계산 방법을 알았으므로 바로 시행해봅시다. 통계 레시피에 나와 있는 것처럼 이용하는 함수는 SUM 함수와 COUNT 함수입니다. 순위상관계수의 값도 상관계수와 마찬가지로 1에 가까울수록 양의 상관관계, −1에 가까울수록 음의 상관관계, 0에 가까울수록 무상관 관계가 됩니다.

실습 5-6 스피어만 순위 상관계수를 구해보자

실습 파일 5_4

	A	B	C	D
1	과자의 인기와 매출액 순위			
2				
3	상품	인기 순위	매출 순위	차의 제곱
4	영진·오·치즈	1	3	4 ❶
5	영진·오·케이크	2	2	0
6	영진 사브레	3	1	4
7	영진 비즈	4	4	0
8	말차·De·영진	5	6	1
9	영진봉	6	5	1
10	영진 쇼콜라	7	7	0
11			합계	10 ❷
12			건수	7 ❸
13			순위상관	0.821 ❹

❶ =($B4-C4)^2을 입력하고 셀 D10까지 복사한다.
❷ =SUM(D4:D10)을 입력한다.
❸ =COUNT(D4:D10)을 입력한다.
❹ =1-6*D11/(D12*(D12^2-1))을 입력한다.

결과는 0.821입니다. 1에 상당히 가까우므로 양의 상관관계가 있다고 생각할 수 있습니다. 인기가 높은 상품은 매출도 크다고 할 수 있겠네요.

지식+더하기

척도의 이모저모

변수의 값을 나타내기 위한 척도는 몇 가지 종류가 있습니다. 역까지 도보 시간과 건축년수, 면적처럼 일정 간격으로 늘어선 값은 간격척도라고 합니다. 과자 취향을 5단계로 평가한 값도 간격척도라고 생각할 수 있지만, 예를 들어 1과 2의 간격과 2와 3의 간격이 같다고는 할 수 없습니다. 어지간히 싫지 않으면 정말 싫다(1)를 붙이지 않겠지만, 어느 쪽도 아니다(3)와 조금 싫다(2) 사이에 그렇게 큰 차이는 없을 것입니다. 이와 같은 척도는 간격은 일정하지 않지만, 순서대로 나열하고 있으므로 순서척도라고 부릅니다.

수치로 나타내도 단순히 카테고리의 차이를 나타내기만 하는 것은 명목척도라고 부릅니다. 성인을 A, 아이를 K라고 표시하는 경우에 해당합니다.

분석 목적·데이터 형식

도수분포표·히스토그램

평균값·중앙값 표준편차·분산

순위·편차치 ABC 분석

상관관계·회귀분석 중회귀분석

시계열 분석

평균값의 차이 검정·분산의 차이 검정

상관 검정·회귀 검정·독립성 검정

부록·용어집

5-2 회귀분석으로 예측해보자

상관관계가 반드시 인과관계는 아니지만, 면적이 얼마면 집세는 얼마쯤일 거라는 예측은 할 수 있습니다. 반대로 집세가 얼마면 면적은 어느 정도일 거라는 예측도 할 수 있겠죠. 이번에는 면적으로 집세를 예측해봅시다. 그러기 위해서는 회귀분석이라 불리는 방법을 사용합니다.

회귀는 적응이라고 생각하면 돼. 데이터에 잘 맞는 식을 구한 다는 거지.

면적으로 집세를 예측하려면

면적과 집세는 직선적인 관계라 할 수 있습니다. 그렇다면 그 직선의 식을 알면 면적으로 집세를 예측할 수 있겠죠. 직선의 식은 학교에서 배웠을 겁니다. $y=ax+b$입니다. x가 면적이고, y는 집세입니다.

이때, x를 사용해 y를 설명하기 때문에 x를 설명변수라 부르고 y를 목적변수라 부릅니다. 면적이 설명변수, 집세는 목적변수가 되겠죠. 이 두 변수의 관계를 나타낸 식을 회귀식이라고 부르는데, 이것이 바로 $y=ax+b$이죠.

회귀분석은 회귀식을 구하거나 회귀식의 적용을 조사하거나 예측합니다. 특히 목적변수에 대해 설명변수가 하나인 경우의 회귀분석을 단회귀분석이라고 한다는 걸 알아둡시다.

계수와 상수항을 구한다

$y=ax+b$의 a는 직선의 기울기(계수), b는 절편(상수항)입니다.

● 도표 5-9 **회귀식을 그림으로 나타낸다**

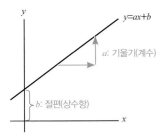

계수란 x가 1 증가했을 때 y는 얼마나 증가하는가 하는 값이고, 상수항은 x가 0일 때의 y값입니다. 계수 a의 값과 상수항 b의 값이 결정되면, x에 어떤 값을 넣어도 y의 값을 구할 수 있습니다. 예측이 가능해진다는 것이죠.

통계 레시피

면적으로 집세를 예측하기 위한 회귀식을 구해봅시다.

방법 │ 단회귀분석에 의한 계수와 상수항을 구한다.

이용하는 함수 │ SLOPE 함수, INTERCEPT 함수

계수와 상수항을 구하지 않고도 예측 결과를 구할 수 있지만, 다음에 알아보도록 하고, 우선은 계수와 상수항을 구해봅시다. SLOPE 함수와 INTERCEPT 함수를 사용합니다.

데이터 형식 · 분석 목적 ·

히스토그램 · 도수분포표

표준편차 · 분산 · 평균값 · 중앙값

ABC 분석 · 순위 · 편차치

상관관계 · 회귀 분석 · 중회귀분석

시계열 분석

분산의 차이 검정 · 평균값의 차이 검정

상관, 회귀 검정 · 독립성 검정

용어집 · 부록

=SLOPE(G4:G53,F4:F53)

회귀식의 계수를   집세가 입력되어   면적이 입력되어
구한다   있는 범위   있는 범위

=INTERCEPT(G4:G53,F4:F53)

회귀식의 상수항을   집세가 입력되어   면적이 입력되어
구한다   있는 범위   있는 범위

모든 함수는 목적변수를 먼저 지정한 뒤에 설명변수를 지정합니다.

실습 5-7   회귀식의 계수와 상수항을 구한다 | 실습 파일 5_5

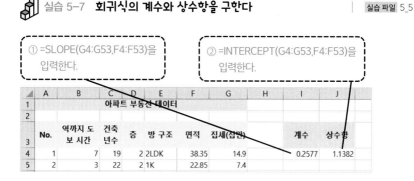

① =SLOPE(G4:G53,F4:F53)을 입력한다.

② =INTERCEPT(G4:G53,F4:F53)을 입력한다.

	A	B	C	D	E	F	G	H	I	J
1			아파트 부동산 데이터							
2										
3	No.	역까지 도보 시간	건축 년수	층	방 구조	면적	집세(잡만)		계수	상수항
4	1	7	19	2	2LDK	38.35	14.9		0.2577	1.1382
5	2	3	22	2	1K	22.85	7.4			

계수를 보면, 면적이 1m² 늘어날 때마다 집세가 25,770원 늘어나는 것을 알 수 있습니다. 상수항은 면적이 0m²일 때의 집세이지만, 면적이 0m²인 부동산은 없으므로 이 예시에서는 의미가 없습니다(기온이 0℃일 때의 출하수나, 광고하지 않았을 때의 매출 등을 예측하고 싶은 경우에는 상수항에 의미가 있겠죠).

상수항을 0으로 하고 회귀식을 구하면 계수는 0.2906이 되지만, SLOPE 함수는 상수항을 0으로 하면 계수를 구할 수 없습니다. 160p의 LINEST 함수를 사용하거나 Tips를 참고하면 구할 수 있습니다.

상수항이 0일 때의 회귀식을 구하려면

분산형 차트의 회귀 곡선을 설정할 때 [절편]을 0으로 하고 [수식을 차트에 표시]에 체크하면 상수항을 0으로 했을 때의 회귀식이 표시됩니다.

회귀식을 이용해 예측한다

회귀식의 계수와 상수항을 구했기 때문에 $y=0.2577x+1.1382$라는 회귀식을 얻을 수 있었습니다. 이 식의 x에 식을 대입하면 y값을 예측할 수 있습니다.

예를 들어 x에 20을 대입하면 $y=0.2577 \times 20+1.1382$이므로 6.2922라는 값을 얻을 수 있습니다. 즉, 면적이 20m²일 때 집세는 63만 원이라고 예측할 수 있습니다.

🌙 도표 5-10 **회귀식의 계수와 상수항을 알면 예측할 수 있다**

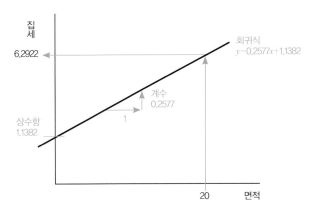

이처럼 회귀식에 적용해 예측하는 것도 가능하지만, FORECAST.LINEAR 함수를 사용하면 일일이 회귀식을 구하지 않아도 예측할 수 있습니다.

통계 레시피

면적으로 집세를 예측해 봅시다.

방법 | 회귀식을 구하고 *x*에 값을 대입한다. 다만 FORECAST.LINEAR 함수를 사용하면 회귀식을 구하지 않아도 예측할 수 있다.

이용하는 함수 | FORECAST.LINEAR 함수

$$=FORECAST.LINEAR(I4,G4:G53,F4:F53)$$

| 회귀분석에 의한 예측을 시행한다 | 예측에 사용하고 싶은 면적의 값 | 집세가 입력되어 있는 범위 | 면적이 입력되어 있는 범위 |

실습 5-8 회귀분석을 통해 면적으로 집세를 예측한다   실습 파일 5_6

=FORECAST.LINEAR(I4,G4:G53,F4:F53)를 입력

▲	A	B	C	D	E	F	G	H	I	J
1			아파트 부동산 데이터						회귀분석에 따른 예측	
2										
3	No.	역까지 도보 시간	건축 년수	층	방 구조	면적	집세(십만)		면적	집세
4	1	7	19	2	2LDK	38.35	14.9		20	6.2915
5	2	3	22	2	1K	22.85	7.4			

면적으로 집세를 예측할 수 있었습니다. 회귀식에 적용해 구한 6.2915이라는 값은 소수점 이하가 다르지만, 반올림 오차입니다.

인재를 모집하기 위해서 집세를 보조하는 건 어떨까요?

154

상관계수와 회귀식의 계수는 다르다

5–1에서도 언급했지만, 상관계수는 회귀식의 계수(기울기)와는 다른 것입니다. 상관계수는 −1~1의 값이지만, 회귀식의 계수는 직선의 기울기이므로 −1보다 작은 값이거나 1보다 큰 값이 되기도 합니다.

또 회귀식에는 면적으로 집세를 알아본다는, 말하자면 방향이 있습니다. 반대로 집세로 면적을 설명하는 회귀식을 구할 수도 있죠(집세가 얼마라면 면적은 어느 정도 인지 예측하는 것에 해당합니다). 이때 회귀식의 계수를 구하는 식은 x의 범위와 y의 범위를 바꾼 =SLOPE(F4:F53,G4:G53)입니다. 참고로 결과는 0.3165 입니다.

사실 양방향 회귀식 계수의 기하 평균을 구하면 상관계수가 됩니다. 즉, =GEOMEAN (SLOPE(G4:G53,F4:F53),SLOPE(F4:F53,G4:G53))의 결과와 =CORREL (G4:G53,F4:F53)의 결과가 같습니다.

또한, 회귀식 적용은 데이터가 회귀식 근처에 모여있는가에 따라 바뀝니다. 그 값은 결정계수 혹은 기여율이라 불리며, 상관계수를 제곱하여 구할 수 있습니다. 상관계수는 양일 때도 음일 때도 있으니 양의 값으로 만들기 위해 제곱한 것이라 생각하면 됩니다. 회귀식 적용의 장점이나 계수의 유효성은 243p에 이어서 설명하겠습니다.

분석 목적·
데이터 형식

도수분포표·
히스토그램

평균값·
표준편차·분산

순위·편차치
ABC 분석

상관관계·회귀
분석·중회귀분석

시계열 분석

평균값의 차이 검정·
분산의 차이 검정

독립성 검정·
상관, 회귀 검정

부록·
용어집

155

5-3 중회귀분석으로 예측해보자

면적으로 집세를 알아보긴 했지만, 역까지 도보시간과 건축년수 등도 집세와 연관이 있을 겁니다. 그러므로 여러 설명변수를 사용해 목적변수를 설명하는 회귀식을 구하고 그 회귀식을 사용해 예측해봅시다. 이처럼 여러 설명변수를 사용하는 회귀분석을 중회귀분석이라고 합니다.

역까지 도보 시간과 건축년수, 면적을 통해 집세를 예측하려면

중회귀분석의 회귀식은 아래와 같습니다.

$$y = a_1x_1 + a_2x_2 + a_3x_3 + \cdots\cdots + b$$

이 식에서는 x_1, x_2, x_3 …… 이 설명변수가 되고, y가 목적변수가 됩니다. 또 a_1, a_2, a_3 …… 가 계수이고, b가 상수항입니다. 단회귀분석에서는 회귀식이 직선식이었지만, 중회귀분석은 평면이나 그 이상의 차원을 가진 식이 됩니다.

직선이나 평면은 그림으로 나타낼 수 있지만, 평면보다 차원이 늘어나면 이미지화하는 것이 어렵지. 하지만 그저 설명변수가 늘어났을 뿐이야.

단회귀분석에서는 계수와 상수항을 먼저 구했었지만, 이번에는 예측 먼저 해봅시다. 중회귀분석 예측에는 TREND 함수를 사용합니다. 집세를 예측하는 예시라면 역까지 도보 시간, 건축년수, 면적이 설명 변수가 되고 집세가 목적변수가 됩니다.

분석 목적·
데이터 형식

도수분포표·
히스토그램

평균값·중앙값
표준편차·분산

순위·편차치
ABC 분석

분석·중회귀분석
상관관계·회귀

시계열 분석

평균값의 차이 검정·
분산의 차이 검정

상관·회귀 검정·
독립성 검정

부록
용어집

통계 레시피

역까지 도보 시간, 건축년수, 면적으로 집세를 예측해봅시다.

방법 | 중회귀분석 예측을 시행한다.

이용하는 함수 | TREND 함수

실습 파일 5_7 부동산 데이터의 항목을 보면, 설명변수 범위인 역까지 도보 시간, 건축년수, 면적을 TREND 함수로 지정하기 위해서는 사이에 있는 층과 방 구조 열이 불필요하다는 걸 알 수 있습니다. 이러한 열을 미리 삭제해둡시다. 왜 층과 방 구조를 제외했는지는 나중에 설명하겠습니다. 우선 계산해 봅시다.

실습 5-9 불필요한 열을 삭제한다
| 실습 파일 5_7

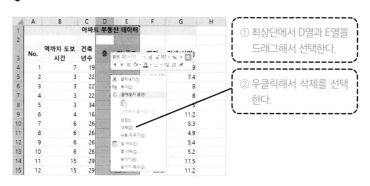

① 최상단에서 D열과 E열을 드래그해서 선택한다.

② 우클릭해서 삭제를 선택한다.

열을 삭제하면 목적변수의 범위가 셀 E4~E53이 되고, 설명변수의 범위가 셀 B4~D53이 됩니다. 또 예측에 사용하는 값의 범위가 셀 G4~I4가 됩니다.

$$=TREND(E4:E53,B4:D53,G4:I4,TRUE)$$

중회귀분석으로 | 집세가 입력되어 | 역까지 도보 시간, | 예측에 사용하는 역까지 | 상수항을
예측한다 | 있는 범위 | 건축년수, 면적이 | 도보 시간, 건축년수, | 계산한다는 지정
 | | 입력되어 있는 범위 | 면적이 입력되어 있는 범위 |

 실습 5-10 **중회귀분석으로 예측한다** | 실습 파일 5_7

=TREND(E4:E53,B4:D53,G4:I4,TRUE)를 입력한다.

	A	B	C	D	E	F	G	H	I	J	K
1		아파트 부동산 데이터					중회귀분석에 의한 예측				
2											
3	No.	역까지 도보 시간	건축년수	면적	집세(십만)		역까지 도보 시간	건축년수	면적	집세	
4	1	7	19	38.35	14.9		10	15	20	6.9318	
5	2	3	22	22.85	7.4						
6	3	3	22	21.96	8						
7	4	3	22	21.96	8						
8	5	3	34	18.03	5						
9	6	4	16	36.83	11.2						
10	7	6	26	17.62	5.3						

 역까지 도보 10분, 건축년수 15년, 면적 20m²인 부동산의 집세는 69만 원이라고 예측됐어.

 상수항을 0이라 간주하고 예측을 시행하려면

TREND 함수는 마지막 인수에 TRUE를 지정하면 상수항을 계산하고, FALSE를 지정하면 상수항을 0으로 간주합니다. 함수 입력 시 팝업 도움말로 FALSE라면 b에 1을 설정합니다(상수항을 1로 한다)가 표시되지만, 실제로는 상수항에 0이 지정됩니다. 또한, 154p의 예시에서 상수항을 0으로 지정해 계산하고 싶다면 TREND 함수를 사용하면 됩니다. TREND 함수는 중회귀분석을 위한 함수지만, 단회귀분석에도 사용할 수 있습니다.

중회귀분석은 설명변수를 적절히 선택하면 단회귀분석보다 정밀도가 높은 예측을 할 수 있습니다. 설명변수의 선택 방법에 대한 조금 더 상세한 내용은 162p와 166p에서 이어집니다.

부동산 데이터 항목 중 방 구조와 층을 제거했었습니다. 방 구조는 면적과 관계(유사성)가 깊은데, 이런 경우 다른 불필요한 설명변수를 더하는 것보다 오히려 한 쪽만 사용하는 게 더 적절한 결과를 얻을 수 있습니다. 방 구조는 1K나 2DK라는 문자열로 표현하는데, 이처럼 카테고리를 나타내는 척도를 명목척도라고 부릅니다(149p).

층은 어떤 이유로 제거했을까요? 층은 수치로 나타내고 있긴 하지만, 층에 따른 가치의 간격은 다를 수 있죠. 그렇다면 간격척도가 아니라 순서척도인 걸까요? 아닙니다. 1층 〈 2층 〈 3층처럼 가치가 순서대로 나열되어 있다고도 할 수 없습니다. 같은 3층이라 해도 최상층인 것과 6층 건물의 3층인 것은 다릅니다. 카테고리를 세 가지로 1층, 중간층, 최상층으로 나누는 게 더 자연스러운 듯합니다.

이처럼 명목척도를 중회귀분석에서 사용할 수도 있지만, 약간의 데이터 가공이 필요하므로 여기서는 설명변수에서 제외했습니다. 166p에서 명목척도를 이용하는 방법을 설명합니다.

중회귀분석의 계수와 상수항을 구하려면

중회귀분석의 회귀식에는 복수의 계수와 하나의 상수항이 있습니다. LINEST 함수를 사용해 한 번에 구할 수 있습니다.

역까지 도보 시간, 건축년수, 면적이라는 세 가지 설명변수의 계수와 상수항을 한 번에 구할 수 있으므로 네 개의 셀을 미리 선택해두고 LINEST 함수를 배열 수식으로 입력합니다.

`=LINEST(E4:E53,B4:D53,TRUE,FALSE)`

중회귀분석에 의한 회귀식의 계수나 상수항, 보정항을 구한다 / 집세가 입력되어 있는 범위 / 역까지 도보 시간, 건축년수, 면적이 입력되어 있는 범위 / 상수항을 계산한다는 지정 / 보정항을 구하지 않는다는 지정

LINEST 함수는 계수가 뒤에서부터 반환되는 것에 주의합시다.

예를 들어 회귀식이

$$y = a_1x_1 + a_2x_2 + a_3x_3 + b$$

라면 a_3, a_2, a_1, b의 순으로 반환됩니다. 부동산 데이터의 경우는 면적,

건축년수, 역까지 도보 시간순입니다.

 실습 5-11 중회귀분석으로 계수와 상수항을 구한다 | 실습 파일 5_8

┌────────────────────────────────┐
│ ① 셀 G4~J4를 미리 선택한다. │
└────────────────────────────────┘

▲	A	B	C	D	E	F	G	H	I	J
1		맨션 부동산 데이터						회귀식의 계수와 상수항		
2										
3	No.	역까지 도보 시간	건축년수	면적	집세(십만)		면적	건축년수	역까지 도보 시간	상수항
4	1	7	19	38.35	14.9		0.2762	-0.0861	-0.0343	3.0421
5	2	3	22	22.85	7.4					
6	3	3	22	21.96	8					
7	4	3	22	21.96	8					
8	5	3	34	18.03	5					

┌──┐
│ ② =LINEST(E4:E53,B4:D53,TRUE,FALSE)를 입력하고 │
│   입력 종료 시에 Ctrl + Shift + Enter 를 누른다. │
└──┘

결과를 보면, 건축년수와 역까지 도보 시간은 음의 값이므로 건축년수가
오래된 부동산이나 역에서 먼 부동산 쪽이 조금이지만 집세가 싸다는 것을
알 수 있습니다. 여기서는 보정항을 구하고 있지 않지만 보정항을 구하면
회귀식 적용의 장점이나 계수의 유효성을 조사할 수 있습니다. 이 방법은
243p에서 설명하겠습니다.

 상수항을 0으로 간주하고 중회귀분석의 계수와 상수항을 구하려면

LINEST 함수는 세 번째 인수에 FALSE를 지정하면 상수항을 0으로 간주합니다. 152p
의 예시에서 상수항을 0으로 하고 계수와 상수항을 구하고 싶을 때는 SLOPE 함수나
INTERCEPT 함수 대신에 LINEST 함수를 사용하면 됩니다. LINEST 함수는 중회귀분석
을 위한 함수지만, 단회귀분석에서도 사용할 수 있습니다.

중회귀분석을 이용할 때 유의할 점

중회귀분석에서는 복수의 설명변수를 사용할 수 있으므로 가능한 많은 설명변수를 준비하면 정확한 예측을 할 수 있을 거라고 생각할 수 있지만, 설명변수가 많다고 해서 좋은 것만은 아닙니다. 여기서는 그러한 문제에 관해 살펴봅시다.

비슷한 설명변수를 사용하면 안 된다

중회귀분석은 설명변수 사이에 강한 상관관계가 있으면 적절한 결과를 얻을 수 없습니다. 이와 같은 성질을 다중공선성이라 합니다. 다중공선성이란 비슷한 설명변수를 여러 개 사용하는 것이라 생각하시면 됩니다. 도표 5-11 이미지로 파악해 봅시다.

상품의 가격을 예측하는데 용량과 무게라는 두 가지 설명변수를 생각했다고 합시다. 그러나 용량과 무게는 양의 상관관계가 있습니다. 즉, 용량과 무게는 비슷한 설명변수가 되는 것입니다.

다중공선성이 보일 때는 몇 가지 설명변수를 제외하고 성질이 다르다고 생각되는 다른 설명변수를 찾아야 합니다.

● 도표 5-11 **다중공선성의 구체적인 예시**

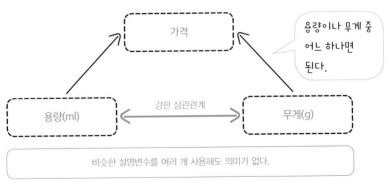

다중공선성의 기준으로 VIF(분산 확대 요인)라는 값을 자주 사용합니다. VIF를 구하려면 먼저 각 설명변수 사이의 상관관계를 구합니다. 그다음에 이들 상관계수 행렬의 역행렬을 구합니다. 이때 대각요소의 값이 VIF입니다. 일반적으로 VIF의 값이 10을 넘으면 다중공선성의 문제가 있다고 알려져 있습니다. VIF는 Variance Inflation Factor의 약자입니다.

통계 레시피

중회귀분석의 설명변수가 적절한가를 알아봅시다.

방법 | 설명변수 사이의 상관계수 행렬을 작성하고 그 역행렬을 바탕으로 VIF의 값을 구한다. VIF의 값이 10을 넘으면 다중공선성이 있다는 것이므로 설명변수를 변경한다.

이용하는 함수 | CORREL 함수, MINVERSE 함수

우선 설명변수 사이의 상관계수를 모두 구해봅시다. 5-1에서 배운 CORREL 함수로 구할 수 있습니다. 같은 항목의 상관계수는 1이므로 대각선상의 셀에는 1을 입력합니다. 또 대각선의 대칭인 위치에 있는 셀의 값은 같으므로 하나하나 CORREL 함수를 입력할 필요는 없습니다.

분석 목적 · 데이터 형식

도수분포표 · 히스토그램

평균값 · 표준편차 · 중앙값 · 분산

순위 · 편차치 ABC 분석

상관관계 · 회귀 분석 · 중회귀분석

시계열 분석

평균값의 차이 검정 · 분산의 차이 검정

상관 · 회귀 검정 · 독립성 검정

부록 · 용어집

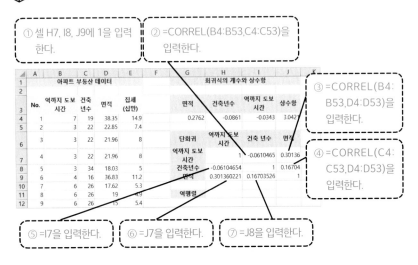

계속해서 상관계수 행렬의 역행렬을 구합니다. 역행렬은 MINVERSE 함수를 사용해 간단히 구할 수 있습니다.

=MINVERSE(H7:J9)

역행렬을 구한다   원래 행렬

행렬이나 역행렬은 실습 5-13의 순서대로만 계산해도 결과를 구할 수 있습니다. 여기서는 이론을 그다지 신경 쓰지 않고 방법과 결과를 보는 방법을 알아둡시다.

실습 5-13 　상관 행렬의 역행렬을 구하고 VIF의 값을 얻는다 　 | 　실습 파일 5_9

① 셀 H11~J13을 선택한다.

② =MINVERSE(H7:J9)라고 입력하고 입력 종료 시 Ctrl + Shift + Enter 를 누른다.

◢	A	B	C	D	E	F	G	H	I	J
1		아파트 부동산 데이터						회귀식의 계수와 상수항		
2										
3	No.	역까지 도보 시간	건축 년수	면적	집세 (십만)		면적	건축년수	역까지 도보 시간	상수항
4	1	7	19	38.35	14.9		0.2762	-0.0861	-0.0343	3.0421
5	2	3	22	22.85	7.4					
6	3	3	22	21.96	8		단회귀	역까지 도보 시간	건축 년수	면적
7	4	3	22	21.96	8		역까지 도보 시간	1	-0.0610465	0.30136
8	5	3	34	18.03	5		건축년수	-0.06104654	1	0.16704
9	6	4	16	36.83	11.2		면적	0.301360221	0.16703526	1
10	7	6	26	17.62	5.3					
11	8	6	26	19	4.9		역행렬	1.115549181	0.12782099	-0.3575
12	9	6	26	15	5.4			0.127820995	1.04334746	-0.2128
13	10	6	26	16	5.2			-0.35753276	-0.212796	1.14329
14	11	15	29	39.6	11.5					

 Point! MINVERSE 함수로는 여러 결과를 한 번에 구할 수 있으니까 배열 수식으로 입력할 거야.

　셀 H11, I12, J13이 VIF의 값입니다. 모두 10보다 작으므로 다중공선성에 문제가 없다고 판단할 수 있습니다. 즉, 역까지 도보 시간, 건축년수, 면적을 설명변수로 사용하는 것에 타당성이 있다는 겁니다. VIF 값의 역수를 공차한계라고 부르는데, 다중공산성이 보이는 경우는 공차한계 값이 작아집니다.

분석 목적 · 데이터 형식

도수분포표 · 히스토그램

평균값 · 표준편차 · 분산

순위 · 편차치 ABC 분석

상관관계 · 회귀분석 · 중회귀분석

시계열 분석

평균값의 차이 검정 · 분산의 차이 검정

상관, 회귀 검정 · 독립성 검정

부록 · 용어집

165

명목척도를 중회귀분석으로 사용하려면

층이나 방 구조는 카테고리를 나타내는 명목척도입니다. 방 하나에 주방 하나(1K)나 방 두 개에 주방 하나(2DK)와 같은 방 구조는 수직선상의 값으로 나타낼 수 있는 간격척도가 아닙니다. 이처럼 명목척도를 중회귀분석으로 사용하려면 더미변수라고 불리는 변수를 준비해야 합니다. 부동산 데이터의 층이나 방 구조는 작은 카테고리가 많으므로 간단한 예시를 통해 살펴봅시다.

🌙 도표 5–12 **명목척도 예시(브랜드가 명목척도)**

▲	A	B	C	D	E
1		유화 물감의 가격			
2					
3	샘플	브랜드	용량(ml)	가격	
4	1	A	20	4,200	
5	2	A	110	20,000	
6	3	A	170	27,000	
7	4	A	300	41,000	
8	5	B	50	9,500	
9	6	B	110	14,500	
10	7	B	330	34,500	
11	8	C	50	11,000	
12	9	C	110	21,000	
13	10	C	170	31,000	
14					

명목척도

이 예시는 유화 물감인 퍼머넌트 화이트라는 색의 가격표입니다. 브랜드와 용량을 설명변수로 하고 가격을 목적변수로 해서 중회귀분석을 시행합니다. 이 표를 보면, 브랜드라는 항목이 명목척도가 되어 있는데, 명목척도에는 카테고리를 나타내는 항목을 만들어 1이나 0의 값을 부여할 겁니다. 이것을 더미변수라 부릅니다.

분석 목적·
데이터 형식

도수분포표·
히스토그램

평균값·중앙값
표준편차·분산

순위·편차치
ABC 분석

상관관계·회귀
분석·중회귀분석

시계열 분석

평균값의 차이
분산의 차이 검정

상관·독립성 검정
회귀 검정

부록·
용어집

통계 레시피

명목척도를 중회귀분석에서 이용해봅시다.

방법 │ 카테고리를 나타내는 항목을 변수(더미변수)로 하고, 1이나 0의 값을 부여한다.

유의점 │ 더미변수의 개수는 카테고리의 수 −1개가 된다.

그렇다면 더미변수로 A사라는 항목과 B사라는 항목을 만들어 1이나 0으로 나타내 봅시다. A사의 제품이라면 A사라는 항목의 값을 1로 하고, B사라는 항목의 값을 0으로 합니다. C사는 A사, B사 모두 0으로 하면 구별할 수 있으므로 항목을 만들 필요는 없습니다. 즉, 카테고리가 n개인 경우, n−1개의 더미변수를 만듭니다.

 실습 5-14 **더미 변수를 만든다**　　　　　　　　　　│ 실습 파일 5_10

① =IF($B4=LEFT(F$3),1,0)을 입력한다.

② 셀 F4를 G13까지 복사한다.

③ =C4라고 입력한다.

④ 셀 H4를 I13까지 복사한다.

	A	B	C	D	E	F	G	H	I
1		유화 물감의 가격							
2									
3	샘플	브랜드	용량(ml)	가격	A사	B사		용량(ml)	가격
4	1	A	20	4,200	1	0		20	4,200
5	2	A	110	20,000	1	0		110	20,000
6	3	A	170	27,000	1	0		170	27,000
7	4	A	300	41,000	1	0		300	41,000
8	5	B	50	9,500	0	1		50	9,500
9	6	B	110	14,500	0	1		110	14,500
10	7	B	330	34,500	0	1		330	34,500
11	8	C	50	11,000	0	0		50	11,000
12	9	C	110	21,000	0	0		110	21,000
13	10	C	170	31,000	0	0		170	31,000
14									
15									

셀 F4에 입력한 =IF($B4=LEFT(F$3),1,0)은 셀 B4가 셀 F3에 지정한 것 (A)과 같으면 1로, 그렇지 않으면 0으로 한다는 의미입니다.

여하튼 이것으로 더미변수를 설정할 수 있습니다. 남은 것은 이제까지 본 것처럼 LINEST 함수와 TREND 함수를 입력하는 것뿐입니다.

 실습 5-15 **더미변수를 사용한 중회귀분석을 시행한다** 실습 파일 5_10

 ① 셀 K4~N4를 선택한다.

K	L	M	N
	계수와 상수항		
용량(ml)	**B사**	**A사**	**상수항**
113.4395	-7550.11	-2487.58	8521.651
	예측		
A사	**B사**	**용량**	**가격**
0	1	170	20256.26

② =LINEST(I4:I13,F4:H13,TRUE,FALSE)를 입력하고 [Ctrl]+[Shift]+[Enter]를 누른다.

③ =TREND(I4:I13,F4:H13,K8:M8,TRUE)를 입력한다.

계수와 상수항을 구하여 브랜드와 용량에 따른 가격을 예측할 수 있게 되었습니다. 만약 예측을 위한 값으로 B사의 것을 지정하고 싶다면, A사(셀 K8)를 0으로, B사(셀 L8)를 1로 합니다. TREND 함수의 결과를 보면 B사의 170ml 제품 가격이 20,256원이라고 예측된 것을 알 수 있습니다.

 입지라든가 통행량이라든가 면적으로 매상 총이익을 예측해서 출점 계획에 도움을 받는다든가, 중회귀분석을 적용할 수 있는 범위는 넓어. 다만, 무엇을 설명변수로 하느냐에 따라 예측 결과도 달라질 테니까, 그 노하우를 쌓는 것이 중요해.

제 6 장

트렌드나 계절 변화로 미래를 예측한다

시계열 분석

STORY

예측하는 재미가 생겨 다음 분기의 매출도 예측하려는 차바울 주임은 시간적인 변화를 어떻게 다루어야 좋을지 고민하고 있습니다. 인원과 점포의 수는 변하지 않는데, 매년 매출이 상승하거나 특정 계절에 잘 팔리는 상품이 있습니다. 회귀분석과는 다른 것 같은데……

계절 변동이 있는 매출은 어떻게 예측할까?

영진제과의 주력 상품 중 하나인 영진 아이스 찰떡은 당연하게도 여름철이 잘 팔리는 시기입니다. 아이스크림의 매출과 기온 사이에 높은 상관관계가 존재한다는 것은 당연한 느낌이지만, 영업 노력도 분명 매년 매출 증가에 기여하고 있을 겁니다. 이러한 요인들을 고려해 예측하려면 어떻게 해야 할까요?

시계열 데이터　　　　예측값

계절 변동을 반영해서 예측할 수 있어!

분석 목적·데이터 형식

도수분포표·히스토그램

평균값·중앙값 표준편차·분산

순위·편차치 ABC 분석

상관관계·회귀 분석·중회귀분석

시계열 분석

평균값의 차이 검정·분산의 차이 검정

상관·회귀 검정·독립성 검정

부록·용어집

시계열 분석으로 계절 변동을 추출하여 예측한다!

장기적인 경향(트렌드)과 계절 변동을 맞춰 예측하려면, 시계열 분석을 사용합니다. 시계열 분석은 Excel 2016부터 이용할 수 있는 기능입니다. 데이터는 1시간마다, 매일, 매월이라는 일정한 시간 간격으로 나열된 데이터를 사용해야 합니다.

6-1 트렌드와 계절 변동을 발견해 매출 예측에 도움을 얻자

시계열 분석을 시행하기 전에, 가장 먼저 영진 아이스 찰떡의 매출이 어떠한 추이를 띄고 있는지 시각화 해봅시다. 그런 다음 시계열 분석으로 계절 변동의 주기를 구하거나 예측해봅니다. 또한, 신뢰 구간을 구해서 폭을 두고 예측을 하는 방법도 살펴보겠습니다.

회귀분석은 연관된 다른 항목의 값으로 예측한다는 느낌이지만, 시계열 분석은 과거의 값으로 미래를 예측한다는 느낌이지.

시계열 데이터는 꺾은선 그래프가 기본이다

시간적인 변화를 볼 때는 꺾은선 그래프가 적절합니다. 꺾은선 그래프는 기본 중의 기본! 순서만 간단히 살펴봅시다. 실습 파일 6_1의 표는 영진 아이스 찰떡의 월별 출하수 데이터로, 3년분의 실적이 셀 A4~B39에 입력되어 있습니다. 항목의 제목은 셀 A3~B3입니다. 미리 그래프화할 범위를 선택해두어도 되지만, 이 경우에는 셀 A3~B39 중 한 셀을 선택해두는 것만으로도 그래프화 범위가 자동으로 설정됩니다.

데이터 형식 · 분석 목적

도수분포표 · 히스토그램

평균값 · 중앙값 표준편차 · 분산

순위 · 편차치 ABC 분석

상관관계 · 회귀 분석 · 중회귀분석

시계열 분석

평균값의 차이 검정 · 분산의 차이 검정

독립성 검정 · 상관·회귀 검정

부록 · 용어집

실습 6-1   꺾은선 그래프를 작성한다

실습 파일 6_1

① 표 안을 클릭한다.

② 삽입 탭 → 꺾은선형 또는 영역형 차트 삽입 → 꺾은선형을 클릭한다.

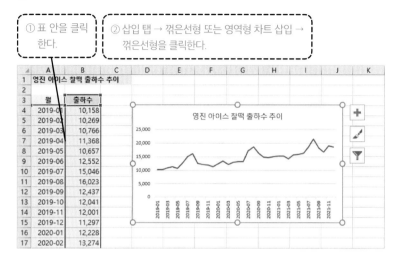

그래프를 보면 매달 조금씩 매출이 늘어나고 있는 데다가 여름철에 특히 매출이 오르고 있는 것을 확인할 수 있습니다. 즉 아래처럼 요인을 분리할 수 있습니다.

🍂 도표 6-1   시계열 분석의 이미지

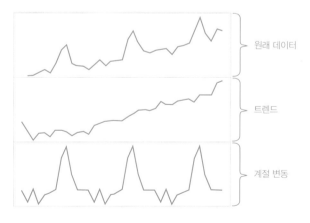

173

시계열 분석으로 미래의 값을 예측하려면

시계열 분석은 일정 시간 간격으로 늘어선 과거의 값을 바탕으로 미래의 값을 예측합니다. Excel 2016에서는 삼중 지수 평활법(Triple Exponential Smoothing)의 AAA 버전이라 불리는 계산법을 사용해 트렌드나 계절 변동을 구하고 이를 바탕으로 예측을 시행합니다. 이 책의 집필 시점에서는 Excel의 시계열 분석 알고리즘이 공개되지 않았지만, 삼중 지수 평활법에서는 최근 값에 가중치를 크게 부여하고 과거의 데이터 평균을 차례로 구하는 계산 방법을 사용합니다. 또한 통계 애플리케이션으로 많이 사용하는 R로도 같은 방법으로 예측할 수 있지만, 다른 알고리즘이 사용되고 있으므로 구한 결과에는 약간의 차이가 있습니다.

계절 변동 주기를 구해보자

영진 아이스 찰떡의 매출은 여름철에 증가하고 겨울철에는 감소하는 기복이 있습니다. 이 기복이 계절 변동입니다. 그러면 매달 출하수를 바탕으로 계절 변동의 주기를 검출해봅시다.

통계 레시피

일정한 기간마다 반복되는 기복을 발견해봅시다.

방법 │ 시계열 분석을 시행하고 계절 변동 주기를 구한다.

이용하는 함수 │ FORECAST.ETS.SEASONALITY 함수

계절 변동 주기를 구하려면 FORECAST.ETS.SEASONALITY 함수를

데이터 형식 · 분석 목적 ·

히스토그램 · 도수분포표

표준편차 · 분산 평균값 · 중앙값

ABC · 편차치 순위 ·

분석 · 중회귀분석 상관관계 · 회귀

시계열 분석

· 분산의 차이 검정 평균값의 차이 검정

상관 · 회귀 검정 독립성 검정

부록 · 용어집

사용합니다. 타임라인(일시를 나타낸 데이터)은 셀 A4~A39에, 매출은 셀 B4~B39에 입력되어 있습니다.

=FORECAST.ETS.SEASONALITY(B4:B39,A4:A39)

시계열 분석으로 계절 변동 주기를 구한다

출하수가 입력되어 있는 범위

타임라인이 입력되어 있는 범위

 실습 6-2 **시계열 분석으로 계절 변동 주기를 구한다**　　|　실습 파일 6_2

▲	A	B	C	D	E
1	영진 아이스 찰떡 출하수 추이				
2					
3	월	출하수		주기	
4	2019-01	10,158		12	
5	2019-02	10,269			
6	2019-03	10,766			
7	2019-04	11,368			

=FORECAST.ETS.SEASONALITY (B4:B39,A4:A39)를 입력한다.

계절 변동이 12라는 것은 12개월 주기로 출하수가 변동되고 있다는 거야.

계절 변동 주기는 타임라인에 지정한 날짜를 바탕으로 구할 수 있는 것이 아니라, 어디까지나 데이터를 바탕으로 구할 수 있습니다. 타임라인의 날짜는 연속된 값이므로 일정한 간격의 데이터인 겁니다. 예를 들어 셀 A4~A39에 1~36이라는 연속된 숫자가 입력되어 있어도 결과는 같습니다.

시계열 분석을 통해 예측을 시행하다

이어서 예측도 해봅시다. FORECAST.ETS 함수를 사용합니다. 미래의 값을 예측하기 때문에 예측에 사용할 날짜를 지정할 필요가 있습니다. 다만 날짜와 시간도 타임라인상의 값이므로 수치로 지정합니다.

통계 레시피

일정한 경향과 계절 변동이 있는 시계열 데이터로 미래의 값을 알아봅시다.

방법 | 시계열 분석으로 예측한다.

이용하는 함수 | FORECAST.ETS 함수

=FORECAST.ETS(D4,$B$4:$B$39,$A$4:$A$39)

시계열 분석으로 계절   예측에 사용하는   출하수가 입력   타임라인이 입력
변동 주기를 구한다   날짜와 시간   되어 있는 범위   되어 있는 범위

예측에 사용하는 날짜와 시간은 셀 D4~D15에 입력되어 있습니다. 그 옆 셀 E4~E15에 결과가 표시되도록 합시다.

실습 6-3   **시계열 분석으로 출하수의 예측값을 구한다** | 실습 파일 6_3

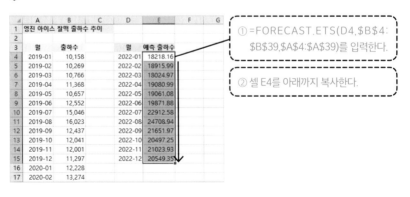

① =FORECAST.ETS(D4,$B$4: $B$39,$A$4:$A$39)를 입력한다.

② 셀 E4를 아래까지 복사한다.

예측 결과를 시각화한다

시계열 데이터의 시각화에는 꺾은선 그래프가 적절하지만, Excel 2016
에서는 예측 시트라고 하는 기능이 있어서 데이터를 지정하기만 하면, 원래
데이터와 예측값을 간단하게 그래프화할 수 있습니다.

통계 레시피

시계열 분석으로 예측 결과를 그래프화 해봅시다.

방법 | Excel 2016 이후 버전에서는 예측 시트를 이용하고, Excel 2013
이전 버전에서는 꺾은선 그래프를 만든다.

실습 6-4 **예측 시트를 사용해 시계열 분석으로 예측을 시각화한다**

| 실습 파일 6_4

① 표 안을 클릭한다. ② 데이터 탭 → 예측 시트를 선택한다.

③ 만들기를
클릭한다.

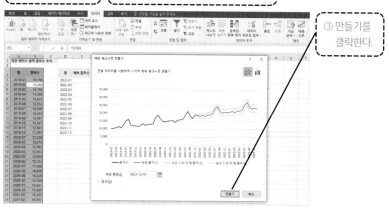

만들기 버튼을 클릭하면 새로운 워크시트가 만들어지고, 예측값과 그래

분석 목적 · 데이터 형식

도수분포표 · 히스토그램

평균값 · 중앙값 표준편차 · 분산

순위 · 편차치 ABC 분석

분석 · 중회귀분석 상관관계 · 회귀

시계열 분석

평균값의 차이 검정 · 분산의 차이 검정

상관 · 회귀 검정 독립성 검정

부록 용어집

프가 표시됩니다. 그래프에는 신뢰 구간도 표시되므로 어느 정도 여유 있는 예측을 할 수 있습니다.

● 도표 6-2   **시계열 분석으로 예측 시트와 그래프가 작성된다**

 서서히 매출이 증가하는 경향과, 여름철에 매출이 늘어나는 계절 변동이 올바르게 반영되고 있음을 알 수 있어.

Tips **예측의 개시 일시와 종료 일시를 지정하려면**

실습 6-4의 예측 워크시트 만들기 창에서 옵션을 클릭하면 예측 개시 일시나 종료 일시, 신뢰 구간 너비, 계절 변동 주기, 보간이나 집계 방법 등을 지정할 수 있습니다.

Excel 2013 이전 버전에서는 원래의 데이터(셀 A4~B39)와 예측값(셀 D4~E15)을 사용해 꺾은선 그래프를 만듭니다. 다만 데이터가 떨어진 범위에 있으면 그래프화가 번거로워지므로 셀 D4~E15의 값을 원래 데이터의 다음 부분, 즉 셀 A40~B51에도 표시되도록 하면 꺾은선 그래프를 만들기 쉬워집니다. 꺾은선 그래프를 만드는 방법은 173p에서 확인한 방법과 같습니다.

분석 목적 · 데이터 형식

도수분포표 · 히스토그램

평균값 · 중앙값 표준편차 · 분산

순위 · 편차치 ABC 분석

상관관계 · 회귀 분석 · 중회귀분석

시계열 분석

평균값의 차이 검정 · 분산의 차이 검정

독립성 검정 · 상관 · 회귀 검정

부록 · 용어집

회귀분석처럼 스스로 설명변수를 고르지 않아도 과거의 데이터만으로 미래의 값을 예측할 수 있다니, 시계열 분석은 엄청 편리하네요.

하지만, 다른 요인과의 관계를 알고 대책을 세우고 싶은 경우에는 회귀분석을 사용해야 하니까, 목적에 맞춰서 사용해야지.

예측값의 신뢰 구간을 구한다

예측 시트를 사용하면 신뢰 구간도 함께 구해지지만, 함수를 사용할 때는 FORECAST.ETS.CONFINT 함수를 사용해 구합니다.

통계 레시피

시계열 분석에서 어느 정도 폭을 두고 예측을 시행해봅시다.

방법 | 시계열 분석의 신뢰 구간을 구한다.

이용하는 함수 | FORECAST.ETS.CONFINT 함수

=FORECAST.ETS.CONFINT(D4,$B$4:$B$39,$A$4:$A$39,95%)

| 시계열 분석으로 예측값의 신뢰 구간을 구한다 | 예측에 사용하는 날짜와 시간 | 출하수가 입력 되어 있는 범위 | 타임라인이 입력 되어 있는 범위 | 신뢰 구간 레벨 |

실습 파일 6_5에서 예측값의 옆 셀 F4~F15에 신뢰 구간의 값이 표시되도록 해봅시다.

실습 6-5 **시계열 분석으로 출하수의 예측값을 구한다** | 실습 파일 6_5

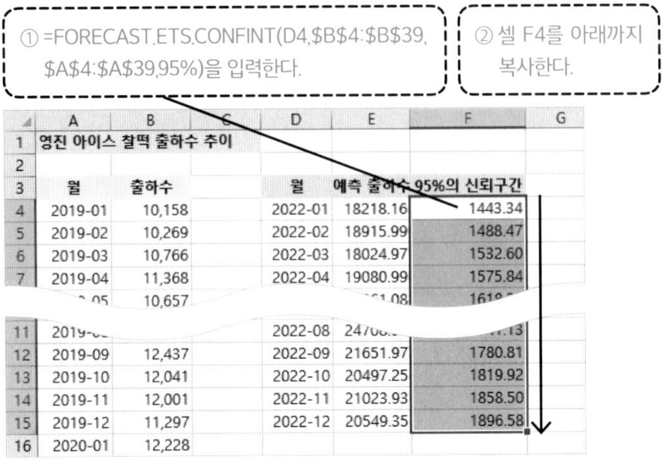

① =FORECAST.ETS.CONFINT(D4,$B$4:$B$39,
$A$4:$A$39,95%)을 입력한다.

② 셀 F4를 아래까지
복사한다.

	A	B	C	D	E	F	G
1	영진 아이스 찰떡 출하수 추이						
2							
3	월	출하수		월	예측 출하수	95%의 신뢰구간	
4	2019-01	10,158		2022-01	18218.16	1443.34	
5	2019-02	10,269		2022-02	18915.99	1488.47	
6	2019-03	10,766		2022-03	18024.97	1532.60	
7	2019-04	11,368		2022-04	19080.99	1575.84	
	2019-05	10,657			61.08	1618	
11	2019-0			2022-08	2470	.13	
12	2019-09	12,437		2022-09	21651.97	1780.81	
13	2019-10	12,041		2022-10	20497.25	1819.92	
14	2019-11	12,001		2022-11	21023.93	1858.50	
15	2019-12	11,297		2022-12	20549.35	1896.58	
16	2020-01	12,228					

예를 들어 2022년 1월 예측 출하수의 95% 신뢰 구간은 18218.16±
1443.34가 됩니다.

예측값을 구할 때 집계를 시행한다

같은 타임라인에 복수의 값이 있을 때는 그 시일에 대응하는 값을 집계해
서 예측할 수도 있습니다. 이제까지의 데이터는 수가 많으므로 간단한 데이
터를 사용해 살펴봅시다.

통계 레시피

시계열 분석에서 같은 타임라인 데이터가 여러 개 있는 경우는?

방법 | FORECAST.ETS 함수에 집계 방법을 지정해서 예측을 시행한다.

이용하는 함수 | FORECAST.ETS.CONFINT 함수

분석 목적·데이터 형식

도수분포표·히스토그램

평균값·표준편차·중앙값·분산

순위·편차치·ABC 분석

상관관계·회귀분석·분석·중회귀분석

시계열 분석

평균값의 차이 검정·분산의 차이 검정

상관·회귀 검정·독립성 검정

부록·용어집

실습 6-6에서는 타임라인이 B열이 아니라 A열인 것에 주의합시다. B열은 어느 시기인지 알기 위해서 입력된 단순한 문자열 데이터입니다. A열이 일정한 간격을 나타내는 타임라인 값입니다.

이 표에는 여러 점포의 데이터가 입력되어 있으므로 A열을 보면 같은 시기가 두 개씩 있다는 것을 알 수 있습니다. 예를 들어, 타임라인 1 데이터가 4행과 10행에 있습니다. 같은 타임라인의 데이터는 합쳐서 분석합시다. 이용하는 함수는 FORECAST.ETS 함수입니다.

실습 6-6 시계열 분석을 할 때 집계도 시행한다 | 실습 파일 6_6

① =FORECAST.ETS(F4,$D$4:$D$15, $A$4:$A$15,,7)을 입력한다.

② 셀 H4를 아래까지 복사한다.

	A	B	C	D	E	F	G	H	I
1		점포별 업무개선 제안 채용 건수							
2									
3	No	기간	점포	채용 건수		No	기간	건수 예측	
4	1	2017 상반기	삼산점	12		7	2017 상반기	31.4	
5	2	2017 하반기	삼산점	18		8	2017 하반기	48.4	
6	3	2018 상반기	삼산점	10					
7	4	2018 하반기	삼산점	22					
8	5	2019 상반기	삼산점	14					
9	6	2019 하반기	삼산점	24					
10	1	2017 상반기	부천점	8					
11	2	2017 하반기	부천점	16					
12	3	2018 상반기	부천점	10					
13	4	2018 하반기	부천점	18					
14	5	2019 상반기	부천점	11					
15	6	2019 하반기	부천점	21					
16									

Point!

FORECAST.ETS 함수의 마지막 인수에 지정한 7은 합계를 구한다라는 뜻이야. 즉 같은 타임라인에 있는 값을 합치고 나서 예측한다는 거지.

FORECAST.ETS 함수의 마지막 인수에 7을 지정하면, 타임라인의 같은 위치 데이터를 합친 다음에 예측합니다. 예를 들어 타임라인 1의 값은 4행과 10행에 있으므로 셀 D4의 12와 셀 D10의 8을 합친 20이 예측에 사용됩니다. 셀 H4에 표시된 예측 결과 31.4는 삼산점과 부천점의 건수를 합친 값을 바탕으로 예측한 타임라인 7의 값입니다.

집계 방법으로 지정할 수 있는 값은 아래와 같습니다.

1 또는 생략 …… 평균값

2 …… 수치의 건수

3 …… 데이터의 건수

4 …… 최댓값

5 …… 중앙값

6 …… 최솟값

7 …… 합계

 FORECAST.ETS 함수로 합계 방법을 생략하면?

이 책의 집필 시점의 FORECAST.ETS 함수 도움말에는 집계 방법을 생략했을 때는 0을 지정한 것이라 간주해 평균을 구한다고 쓰여 있지만, 정확하게는 1을 지정한 겁니다. 위의 집계 방법들은 함수 입력 시에 팝업으로 도움말이 표시되니 참고하세요.

 미리 합계를 내고 나서 예측해도 같은 결과가 나오지만, 인수를 하나씩 추가하기만 해도 되니까 수고를 줄일 수 있지.

제 7 장

수치의 차이가 정말 의미 있는지 확인한다

평균값 차이 검정 · 분산 차이 검정

검증할게!

STORY

다양한 분석 방법을 머릿속에 밀어 넣으니 소화불량이 생길 것 같은 차바울 주임. 하지만 경쟁 상품과의 평가 차이나 성별에 따른 인터넷 이용 시간 차이가 계속 신경 쓰입니다. 한층 더 신뢰할 수 있는 검증방법은 없을까요?

그 차이가 정말로 의미 있을까?

제3장에서 구한 맛 비교 평가의 평균값은 영진 사브레 6.35, 타사 사브레 6.1이었습니다. 영진 사브레의 평가가 높은 것처럼 보이지만, 이 차이가 정말로 의미 있는 차이일까요? 단순히 오차 레벨의 범주인 건 아닐까요? 감각적으로만 파악할 수 없는 일입니다. 근거 있는 판단이 필요해요.

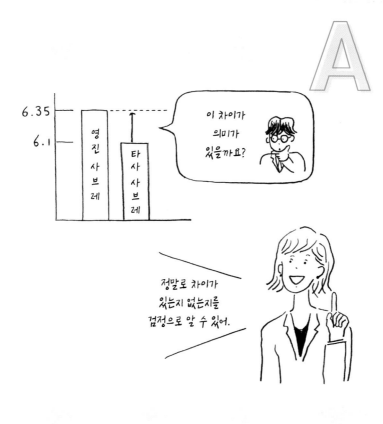

분석 목적 · 데이터 형식

도수분포표 · 히스토그램

평균값 · 중앙값 표준편차 · 분산

순위 · 편차치 ABC 분석

상관관계 · 회귀 분석 · 중회귀분석

시계열 분석

평균값의 차이 검정 · 분산의 차이 검정

독립성 검정 · 상관 · 회귀 검정

부록 · 용어집

감각이 아니라 검정으로 판단하자!

평균값에 진짜 차이가 있는지, 흩어진 상태에 정말 차이가 있는지를 근거를 가지고 판단하는 방법의 하나가 검정입니다. 감각에 의존하지 않는 판단을 할 수 있으므로 설득력도 높아집니다. 검정의 계산 자체는 간단하지만, 생각하는 방법이 중요한 것이니 왜 그렇게 되는지를 확인하면서 진행합시다.

상품 평가에 차이가 있는지를 검정하자

샘플을 바탕으로 모집단 2개의 평균값에 차이가 있는지를 조사하려면, t검정이라는 계산을 합니다. 이용하는 함수의 이름도 역시 T.TEST입니다. 하지만 대응하는 데이터인지, 모집단의 분산이 같은지에 따라 인수 지정 방법도, 결과도 다릅니다. 이제부터 시행할 분석이 어떤 경우인지를 제대로 이해한 후에 함수를 사용할 필요가 있습니다.

대응하는 데이터의 평균값 차이의 검정

우선 영진 사브레의 평가와 타사 사브레의 평가에 차이가 있는지 조사해봅시다. 이론보다는 먼저 결과를 확인해봅시다. 검정 방법은 대응하는 데이터를 사용한 단측검정입니다. 대응하는 데이터와 단측검정의 의미는 뒤에 자세히 설명하겠습니다.

통계 레시피
두 집단의 평균값에 차이가 있는지를 검정해봅시다. (대응하는 데이터의 경우)

방법 ┃ t검정을 한다.

이용하는 함수 ┃ T.TEST 함수([검정의 종류]에 1을 지정)

전제 ┃ 모집단이 정규분포를 따르고 있다.

귀무가설* ┃ 두 모집단의 평균값은 같다.

분석 목적 · 데이터 형식

도수분포표 · 히스토그램

평균값 · 중앙값 표준편차 · 분산

순위 · 편차치 ABC 분석

상관관계 · 회귀 분석 · 중회귀분석

시계열 분석

평균값의 차이 검정 · 분산의 차이 검정

독립성 검정 상관 · 회귀 검정

부록 · 용어집

※ 귀무가설: 처음부터 버릴 것으로 예상하고 세우는 가설. 본래 밝히고자 하는 내용과 정반대의 가설(귀무가설)을 세우고, 이 가설이 잘못된 것임을 증명하여 본래의 가설(대립가설)이 옳다는 것을 밝히는 데 사용된다.

영진 사브레의 평가는 셀 C4~C23, 타사 사브레의 평가는 셀 D4~D23에 입력되어 있습니다. 단측검정을 지정하려면 T.TEST 함수의 세 번째 인수에 1을 지정하고, 대응하는 데이터를 지정하려면 마지막 인수에 1을 지정합니다.

=T.TEST(C4:C23,D4:C23,1,1)

t검정을 한다 | 영진 사브레의 평가 | 타사 사브레의 평가 | 단측검정을 한다 | 대응하는 데이터를 사용한다

 실습 7-1　대응하는 데이터의 평균값 차이 검정　　　|　실습 파일 7_1

	A	B	C	D	E	F	G
1		과자 맛 비교 결과				t검정	
2							
3	샘플	성별	영진 사브레	타사 사브레		단측검정	
4	1	F	2	7		0.33679	
5	2	M	5	6			
6	3	F	8	6			
7	4	M	7	5			
8	5	M	7	6			
9	6	F	3	5			
10	7	M	4	5			
11	8	F	9	5			
15	12		5	6			
16	13	F	4	7			
17	14	M	8	7			
18	15	M	8	4			
19	16	M	7	8			
20	17	F	7	8			
21	18	F	9	4			
22	19	F	3	6			
23	20	M	8	7			
24	평균값		6.35	6.1			
25							

=T.TEST(C4:C23,D4:D23,1,1)을 입력한다.

결과는 0.337이네. 이 값이 0.05보다 작으면 차이가 있다고 말할 수도 있겠지만……

T.TEST 함수로 구한 값인 0.337은 평균값이 같다라는 귀무가설을 기각했을 때, 그 기각이 오류일 확률입니다. 즉 0.337 확률로 평균값이 같다는 의미입니다. 확률이 0.05, 즉 5%보다 작은 경우에 5% 유의성으로 귀무가설을 기각한다라는 표현을 사용하며 이 때에야 기각에 오류가 없다고 판단합니다. 5%보다 작은 확률로 귀무가설이 참이라면, 95%의 확률로 대립가설이 참이 될 가능성이 크다는 겁니다.

그런데 실습 7-1의 결과는 어떤가요? 0.05보다 큰 0.337의 결과값입니다. 따라서 귀무가설을 기각할 수 없습니다. 영진 사브레가 타사 사브레보다 맛있다는 게 아니라, 그저 오차 레벨이라고 할 수 있습니다.

검정의 진행 방법을 살펴보자

앞의 예시에서는 결과를 구하는 것을 우선으로 실습을 했습니다. 실습 과정에서 사용된 용어들과 검정의 진행 방법을 확인해봅시다.

통계 레시피
검정은 어떤 순서로 진행하는지 살펴봅시다.

방법 | 1. 귀무가설을 세우고 대립가설을 정한다.

2. 귀무가설을 기각했을 때, 그것이 오류일 확률 p를 구한다.

3. $p < 0.05$ 혹은 $p < 0.01$이라면 귀무가설을 기각하고 대립가설을 채택한다.

검정의 종류에 따라 이용하는 함수는 다르지만, 검정 순서는 어떤 검정이든 같습니다.

① 귀무가설을 세우고 대립가설을 정한다

첫 단계는 귀무가설을 세우는 것입니다. t검정은 평균값은 같다가 귀무가설이 됩니다. 익숙하지 않은 용어지만, 귀무가설이란 무로 돌아간다 즉, 없었던 일로 하고 싶다라는 것을 암묵적으로 기대한 가설입니다. 실제 목적은 귀무가설을 기각하고 평균값에 차이가 있다라고 말하고 싶은 것입니다.

예를 들어, 찬장에 숨겨둔 과자가 없어졌다고 합시다. 몰래 먹은 범인임을 부정하려면 그날은 외출했다라는 알리바이 하나면 되지만, 범인임을 긍정하려면 입 주변에 가루가 묻어있다거나, 그 사람의 방에서 봉투를 발견했다거나 하는 증거를 많이 모아야만 합니다. 그래도 누명이 있을 수 있겠지만요. 어찌되었든, 가설은 부정하는 것이 더 간단하기에 귀무가설을 활용하는 겁니다.

귀무가설은 H_0라고 간략하게 적을 수 있습니다. 영진 사브레의 모집단 평균을 μ_1, 타사 사브레의 모집단 평균을 μ_2라고 하면 귀무가설을 아래처럼 간단히 표현할 수 있습니다.

$$H_0 : \mu_1 = \mu_2$$

분석 목적 · 데이터 형식

도수분포표 · 히스토그램

평균값 · 표준편차 · 분산

순위 · 편차치 ABC 분석

상관관계 · 회귀 분석 · 중회귀분석

시계열 분석

평균값의 차이 검정 · 분산의 차이 검정

독립성 검정 · 상관, 회귀 검정

부록 · 용어집

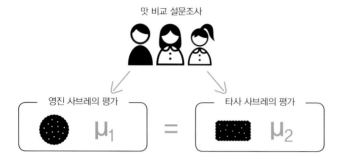

도표 7-1 귀무가설: 과자 맛 평가의 평균값은 같다

맛 비교 설문조사

영진 사브레의 평가

μ_1 = 타사 사브레의 평가 μ_2

과자 맛의 평균값은 6.35와 6.1, 이 값은 우연히 모집단에서 추출한 데이터를 바탕으로 구한 값입니다. 귀무가설인 평균값은 같다라는 것은 모집단 평균값이 같다는 의미입니다.

귀무가설을 기각했을 때 생각할 수 있는 것은 차이가 있다. 영진 사브레의 평가가 높다, 타사 사브레의 평가가 높다 중 하나입니다. 이처럼 귀무가설을 기각했을 때 채택될 가설을 대립가설이라고 합니다. 대립가설은 H_1이라고 간략하게 적을 수 있으므로 아래의 세 가지가 대립가설 후보입니다.

① $H_1 : \mu_1 \neq \mu_2$ ...... 양측검정을 한다.

② $H_1 : \mu_1 > \mu_2$ ...... 단측검정을 한다.

③ $H_1 : \mu_1 < \mu_2$ ...... 단측검정을 한다.

분석 목적 · 데이터 형식

도수분포표 · 히스토그램

평균값 · 중앙값 표준편차 · 분산

순위 · 편차치 ABC 분석

상관관계 · 회귀 분석 · 중회귀분석

시계열 분석

평균값의 차이 검정 · 분산의 차이 검정

독립성 검정 · 상관 · 회귀 검정

부록 · 용어집

🌙 **도표 7-2** **대립가설의 이모저모**

영진 사브레의 평가 μ_1 ≠ 타사 사브레의 평가 μ_2

대립가설: 과자 맛 평가의 평균값은 같지 않다. → 양측검정을 한다.

영진 사브레의 평가 μ_1 > 타사 사브레의 평가 μ_2

대립가설: 영진 사브레 평가의 평균값이 더 크다. → 단측검정을 한다.

영진 사브레의 평가 μ_1 < 타사 사브레의 평가 μ_2

대립가설: 타사 사브레 평가의 평균값이 더 크다. → 단측검정을 한다.

이 예시라면 ①과 ②를 대립가설로 하는 것이 자연스럽습니다. 같다라는 가설이 기각되어도 ③타사 사브레 평가의 평균값이 더 크다라는 가설을 채택하는 건 이상하기 때문입니다.

①은 어느 쪽이 큰지 작은지가 아니라, 다르다고만 말하고 싶을 때 채택하는 대립가설입니다. 즉, 평균값은 다르다라는 대립가설의 경우는 양측검정을 합니다. μ_1 쪽이 클 가능성과 μ_2 쪽이 클 가능성이 있으므로 양측이라 부릅니다.

한편, ②는 영진 사브레의 평가가 높다라고 말하고 싶을 때 채택하는 대립가설입니다. 즉, 어느 한 쪽의 평균값이 크다는 대립가설의 경우는 단측검정을 합니다.

이처럼 귀무가설을 세우고 대립가설을 정하면 양측검정인지 단측검정인지가 결정됩니다.

② 귀무가설을 기각했을 때, 그것이 오류일 확률 P를 구한다

Excel에는 검정을 위한 함수가 몇 가지 있어서, 확률 p를 간단하게 구할 수 있습니다. T.TEST 함수도 그러한 함수 중 하나입니다. 확률 p는 귀무가설을 기각했을 때 그것이 오류일 확률입니다. 따라서 p값이 작은 쪽이 귀무가설을 기각하고 대립가설을 채택할 수 있습니다.

T.TEST 함수로 구한 결과인 0.337이 p값이죠!

하지만, p값을 어떻게 계산해서 구하는지를 모르면, 이해가 쉽지 않을 수 있으니 205 페이지에서 수작업으로 t검정을 시행해 어떤 알고리즘과 로직을 사용하는지 알아보겠습니다.

③ p<0.05 혹은 p<0.01이라면 귀무가설을 기각하고 대립가설을 채택한다

이미 이야기했지만, p<0.05라면 5%의 유의성으로 귀무가설을 기각한다라는 표현을 사용합니다. 이를 관례적으로 그래프 등에서는 *로 표시하기도 합니다. 또 p<0.01이라면 1%의 유의성으로 귀무가설을 기각한다고 합니다. 이 경우는 **로 표현합니다. 더욱이 p<0.001일 때는 0.1%의 유의성으로 귀무가설을 기각한다고 하며 ***로 표현합니다. 이렇게 5%나 1% 등 귀무가설을 기각하는 기준이 되는 값을 유의 수준이라고 합니다.

귀무가설이 기각되면 대립가설을 채택합니다. 예를 들어, 평균값은 같다라는 귀무가설을 기각하면 평균값은 같지 않다라고 할 수 있습니다. 그러나 귀무가설이 기각되지 않은 경우라고 귀무가설을 지지한다는 것은 아닙

분석 목적 · 데이터 형식

도수분포표 · 히스토그램

평균값 · 중앙값 · 표준편차 · 분산

순위 · 편차치 ABC 분석

분석 · 상관관계 · 회귀 중회귀분석

시계열 분석

평균값의 차이 검정 · 분산의 차이 검정

독립성 검정 · 상관 · 회귀 검정

부록 · 용어집

니다. 부정할 수 없다고 해서 긍정할 수 있는 것은 아닙니다. 따라서 같다가 아니라 같지 않다고는 할 수 없다라는 약간 모호한 표현이 됩니다.

p값이 0.337이라서 평균값에 차이는 없다라는 귀무가설을 기각할 수 없어. 그러면 어떻게 표현해야 할까?

으음, 영진 사브레의 평가에 차이는 없다가 아니라 차이가 있다고는 할 수 없다라고 해야 하겠네요.

대응하는 데이터와 대응하지 않는 데이터

영진 사브레와 타사 사브레의 맛 비교 데이터를 보면, 같은 사람이 영진과 타사 양쪽을 모두 평가하고 있습니다. 이와 같은 데이터를 대응하는 데이터 라고 합니다. 예를 들어 4행 샘플 1의 데이터는 한 명의 여성이 영진 사브레 를 먹고 2점, 타사 사브레를 먹고 7점이라는 점수를 주었다는 겁니다. 즉, 같은 샘플에서 얻은 여러 번의 측정 데이터가 대응하는 데이터입니다.

◆ 도표 7-3　대응하는 데이터의 평균값 차이 검정

	A	B	C	D	E	F	G
1		과자 맛 비교 결과				t검정	
2							
3	샘플	성별	영진 사브레	타사 사브레		단측검정	
4	1	F	2	7		0.33679	
5	2	M	5	6			
6	3	F	8	6			
7	4	M	7	5			

대응하는 데이터

셀 C4의 평가와 셀 D4의 평가가 다른 사람이 한 평가라면, 대응하지 않는 데이터가 됩니다. 대응하는 데이터냐 대응하지 않는 데이터냐에 따라 검정 방법이 달라지기도 하므로 주의가 필요합니다.

대응하지 않는 데이터(등분산)의 평균값 차이 검정

대응하지 않는 데이터이며 분산이 같은 경우의 평균값 차이 검정을 알아봅시다. 이번에는 사내 연수에 사용된 교재와 자격시험 결과를 사용합니다. 사용한 교재에 따라 시험 결과에 차이가 있는지를 검정해봅시다.

통계 레시피

두 집단의 평균값에 차이가 있는지를 검정해 봅시다.

(대응하지 않는 데이터, 등분산의 경우)

방법 | t검정을 한다.

이용하는 함수 | T.TEST 함수(검정의 종류에 2를 지정)

전제 | 모집단이 정규분포를 따르고 있다.

귀무가설 | 두 모집단의 평균값은 같다.

이 예시는 한 명의 수험자가 여러 번 시험을 응시한 것이 아닙니다. 도표 7-4의 옛날 교재로 배운 사람과 새로운 교재로 배운 사람은 다른 사람입니다. 즉, 하나의 샘플에서 얻는 데이터는 1개뿐입니다. 이러한 데이터를 대응하지 않는 데이터라 하는 겁니다.

귀무가설은 교재에 의한 성적 차이는 없다입니다. 대립가설은 새로운 교재로 배운 사람이 성적이 좋다로 합니다. 따라서 단측검정을 실시합니다.

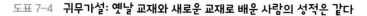

도표 7-4   **귀무가설: 옛날 교재와 새로운 교재로 배운 사람의 성적은 같다**

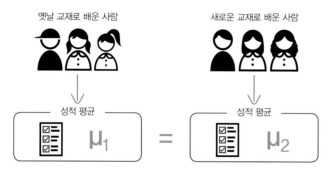

옛날 교재로 배운 사람

새로운 교재로 배운 사람

성적 평균

μ_1

$=$

성적 평균

μ_2

대응하지 않는 데이터의 경우, 모집단의 분산이 같은지 여부에 따라 검정 방법이 달라집니다. 이 예시의 모집단은 사원 전원이고, 그중에서 랜덤으로 옛날 교재로 배운 사람과 새로운 교재로 배운 사람을 샘플로 추출한 것이라 고 합시다. 사원의 능력이나 전제 지식에 차이가 없다고 가정하면, 분산은 같다고 가정할 수 있습니다. 그렇기 때문에 대응하지 않는 데이터의 평균값 차이 검정(등분산)이 됩니다.

그러면 실습 파일 7_2에 T.TEST 함수를 입력해봅시다. 옛날 교재로 배운 사람은 10명이고 성적은 셀 B4~B13에 입력되어 있습니다. 한편 새로운 교 재로 배운 사람은 9명이고 성적은 셀 C4~C12에 입력되어 있습니다. 단측 검정을 지정하려면 T.TEST 함수의 세 번째 인수에 1을 지정하고 대응하지 않는 데이터로 등분산된 경우에는 마지막 인수에 2를 지정합니다.

=T.TEST(B4:B13,C4:C12,1,2)

| t검정을 한다 | 옛날 교재로 배운 사람의 성적 | 새로운 교재로 배운 사람의 성적 | 단측검정을 한다 | 대응하지 않는 데이터(등분산)를 사용한다 |

195

실습 7-2 **대응하지 않는 데이터(등분산)의 평균값 차이 검정** | 실습 파일 7_2

	A	B	C	D	E	F
1	교재에 따른 성적의 차이				t검정	
2						
3	수험자	옛날 교재	새로운 교재		단측검정	
4	1	68	74		0.02028	
5	2	74	77			
	3					
12		o3	76			
13	10	75				
14	평균값	71.2	78.7			
15						

=T.TEST(B4:B13,C4:C12,1,2)
를 입력한다.

  결과는 p=0.020〈0.05이므로 5%의 유의성으로 귀무가설을 기각하고, 대립가설을 채택합니다. 즉, 새로운 교재로 배운 사람들의 성적이 좋다는 것입니다.

 p값에 맞춰서 *을 표시하려면

실습 파일 7_2의 셀 F4에 =IFS(E4<0.001,"***",E4<0.01,"**",E4<0.05,"*",TRUE,"")라고 입력해두면, 유의 수준을 나타내는 *이 p값에 맞는 개수만큼 표시됩니다. 다만 IFS 함수는 Excel 2016에서 사용할 수 있게 된 함수이므로 Excel 2013 이전 버전이라면 =IF(E4<0.001,"***",IF(E4<0.001,"**",IF(E4<0.05,"*","")))을 사용합니다.

대응하지 않는 데이터(비등분산)의 평균값 차이 검정

또한 대응하지 않는 데이터에서 분산이 같지 않은 경우의 평균값 차이 검정도 살펴봅시다. 인터넷 이용 시간 조사 결과를 사용합니다. 성별에 따라 이용 시간에 차이가 있는지를 검정해봅시다.

통계 레시피

두 집단의 평균값에 차이가 있는지를 검정해봅시다.

(대응하지 않는 데이터, 비등분산의 경우)

방법 | t검정을 한다.

이용하는 함수 | T.TEST 함수('검정의 종류'에 3을 지정)

전제 | 모집단이 정규분포를 따르고 있다.

귀무가설 | 두 모집단의 평균값은 같다.

귀무가설은 성별에 따른 인터넷 이용 시간에 차이가 없다이고, 대립가설은 성별에 따른 인터넷 이용 시간에 차이가 있다라고 합시다. 따라서 여기서는 양측검정을 합니다.

분석 목적 · 데이터 형식

도수분포표 · 히스토그램

평균값 · 중앙값 표준편차 · 분산

순위 · 편차치 ABC 분석

상관관계 · 회귀 분석 · 중회귀분석

시계열 분석

평균값의 차이 검정 · 분산의 차이 검정

독립성 검정 · 상관, 회귀 검정

부록 · 용어집

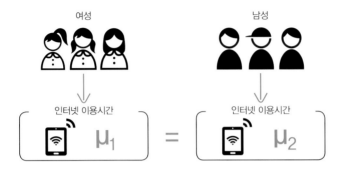

이 예시에서 모집단은 인터넷을 이용하는 여성 전체와 그와 동일한 조건의 남성 전체입니다. 각각의 모집단에서 랜덤으로 몇 명을 선택해서 이용 시간을 물었습니다. 여성의 모집단 분산과 남성의 모집단 분산이 같은지는 알 수 없으므로 분산이 같지 않은 경우의 검정을 시행합니다.

=T.TEST(D4:D83,D84:D163,2,3)

| t검정을 | 여성의 인터넷 | 남성의 인터넷 | 양측검정을 | 대응하지 않는 데이터 |
| 한다 | 이용 시간 | 이용 시간 | 한다 | (비등분산)를 사용한다 |

다음 페이지의 실습 7-3은 제3장에서도 사용한 데이터지만, T.TEST 함수를 쉽게 입력하기 위해 성별로 다시 정렬한 것입니다. 그 때문에 이전과는 달리 여성의 이용 시간이 셀 D4~D83, 남성의 이용 시간이 셀 D84~D163에 정리되어 있습니다.

분석 목적·데이터 형식

도수분포표·히스토그램

평균값·표준편차·중앙값·분산

순위·편차치·ABC 분석

분석·상관관계·중회귀분석·회귀

시계열 분석

평균값의 차이 검정·분산의 차이 검정

독립성 검정·상관, 회귀 검정

부록·용어집

실습 7-3 **대응하지 않는 데이터의 평균값 차이 검정(비등분산)** | 실습 파일 7_3

▲	A	B	C	D	E	F	G
1	인터넷 이용 시간 조사(하루당)					t검정	
2							
3	샘플	성별	나이	시간(분)		양측검정	
4	17	F	13	215		0.00247	
5	156	F	13	211			
6	97	F	14	222			
7	27	F	15	24			
8	32	F	15	213			
	114	F					
82			91	11			
83	93	F	91	40			
84	46	M	14	147			
85	73	M	14	163			
86	85	M	14	202			
87	151	M	15	129			

=T.TEST(D4:D83,D84:D163,2,3)이라고 입력한다.

결과를 살펴봅시다. $p=0.002<0.01$이므로 1%의 유의성으로 귀무가설이 기각됩니다. 따라서 대립가설인 성별에 따른 인터넷 이용 시간이 다르다를 채택합니다.

양측검정과 단측검정의 주의점

t검정은 양측검정보다 단측검정에서 유의성의 차이를 알아보기 쉽습니다. 다음 페이지의 도표 7-6의 양측검정의 형태를 참고하면, 양측검정은 절반으로 양측에 나뉘어 분산된다는 걸 알 수 있는데, 단측검정은 한쪽으로 몰려있기 때문입니다. 검정 방법은 어떤 대립가설을 설정하느냐에 따라 결정되는 것이므로, 양측검정에서 유의하지 않았다고 해서 단측검정으로 변경해서는 안 됩니다.

가설검정의 구조를 이해하자

　평균값 차이의 검정이나 분산 차이의 검정(양측검정)은 함수를 사용하여 간단하게 p값을 구할 수 있습니다. 그러나 검정의 종류에 따라 함수가 없는 경우도 있는데, 이럴 때는 정의에 따라서 검정통계량이라 불리는 값을 계산해야 합니다. 검정통계량을 바탕으로 p값을 구할 수 있기 때문입니다.

● 도표 7-6　**검정통계량과 p값(t분포의 경우)**

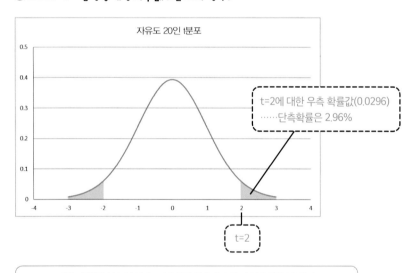

좌우 대칭인 분포의 경우, 단측확률을 2배로 하면 양측확률이 된다.

　도표 7-6 그래프의 전체 면적을 1이라고 할 때, 색칠된 부분의 면적이 p값이 됩니다. 이어서 검정통계량 t의 값이 2일 때, 그에 대한 단측확률(우측확률)은 0.0296인 것을 알 수도 있습니다. 단측검정에서는 한쪽의 색칠한 부분의 면적이 p값이 되고 양측검정에서는 양쪽 색칠한 부분의 면적의 합이 p값이 됩니다.

가설검정의 구조

지금까지 가설검정의 진행 방법과 함수의 사용법, 결과 해석 방법을 살펴보았는데 검정의 구조는 어떠한지, 실제로 어떤 계산을 하는지에 대해서 아직 자세히 설명하지 않았습니다. 앞에서도 언급한 것처럼 검정을 위한 함수가 없는 경우에는 검정통계량을 구해서 그 값을 바탕으로 p값을 구해야하므로 검정 구조도 알아둘 필요가 있습니다.

옛날 교재와 새로운 교재로 공부한 사람의 자격시험 성적 예시로 검정 구조를 살펴봅시다. 수식도 조금 사용되는데, 수식이 어려운 사람은 수식 자체보다 흐름을 이해하면 됩니다. 전반에는 대략 훑어볼 것이고, 후반에는 예제와 함께 실제 계산을 진행합니다. 예제를 진행한 후, 다시 여기로 돌아오면 이해에 큰 도움이 될 겁니다.

우선은 이론적인 부분을 살펴봅시다. 모집단에서 두 그룹의 샘플을 추출해 시험을 보았다고 합시다. 다음 페이지의 도표 7-7입니다.

식은 조금 복잡한데, 사칙연산과 루트뿐이니 제대로 살펴보면 충분히 이해할 수 있어.

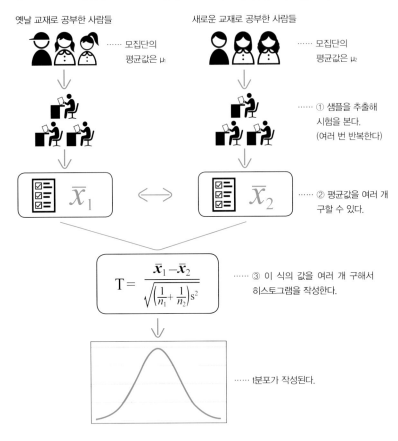

도표 7-7　평균값의 차이/표준편차에 해당하는 값은 t분포를 따른다

옛날 교재로 공부한 사람들

······ 모집단의
평균값은 μ₁

새로운 교재로 공부한 사람들

······ 모집단의
평균값은 μ₂

······ ① 샘플을 추출해
시험을 본다.
(여러 번 반복한다)

$\overline{x}_1$ ⟷ $\overline{x}_2$

······ ② 평균값을 여러 개
구할 수 있다.

$$T = \frac{\overline{x}_1 - \overline{x}_2}{\sqrt{\left(\frac{1}{n_1} + \frac{1}{n_2}\right)s^2}}$$

······ ③ 이 식의 값을 여러 개 구해서
히스토그램을 작성한다.

······ t분포가 작성된다.

　①처럼 몇 명의 샘플을 추출해 시험을 보는 것을 여러 번 반복하면 ②와 같이 평균값을 여러 개 구할 수 있습니다. ③의 T값은 간단히 말하면 평균값의 차이를 구해서 이를 표준편차로 나눈 값입니다. 작업을 여러 번 반복하면 T값을 여러 번 구할 수 있고, 이를 히스토그램으로 만들면 t분포에 가까워진다는 것을 알 수 있습니다.

　여기까지가 알아두어야 도움이 되는 이론의 깊이입니다. 더 이상은 너무 수학적인 이야기이므로 생략하겠습니다. 하지만 ③의 수식의 의미는 조금이나마 이해하도록 합시다.

데이터 형식 · 분석 목적

도수분포표 · 히스토그램

평균값 · 중앙값 표준편차 · 분산

순위 · 편차치 ABC 분석

상관관계 · 회귀 분석 · 중회귀분석

시계열 분석

평균값의 차이 검정 · 분산의 차이 검정

독립성 검정 · 상관 · 회귀 검정

부록 용어집

도표 7-8 T값은 평균값의 차이를 전체의 표준편차로 나눈 것과 같다

평균값의 차이

$$T = \frac{\overline{x}_1 - \overline{x}_2}{\sqrt{\left(\frac{1}{n_1} + \frac{1}{n_2}\right)s^2}}$$

분모:
전체 표준편차와
같은 것

이는 아래에 기재한 식으로 구한다.

도표 7-9 전체 표준편차를 구하기 위해 가중치를 부여한 표본 분산

$$s^2 = \frac{(n_1-1)s_1^2 + (n_2-1)s_2^2}{n_1+n_2-2}$$

옛날 교재로 공부한 성적의
표본 분산

새 교재로 공부한 성적의
표본 분산

s^2는 데이터의 건수로 가중치를 부여해 표본 분산 s_1^2과 s_2^2를 평균낸 것과 같은 값입니다. 즉, 전체의 표본 분산과 같다고 생각할 수 있습니다.

T값도 대략 파악하면 평균값의 차 $\overline{x}_1 - \overline{x}_2$를 표준편차 $\sqrt{s^2}(=s)$로 나눈 것과 같다는 것을 알 수 있습니다. 즉, T값은 흩어진 정도에 대한 평균 차이가 얼마나 나는가라는 것입니다. 이론적으로 T값을 히스토그램으로 작성하면 t분포의 형태가 됩니다.

실제로 시험이 치뤄졌다고 합시다. 그러면 아까의 식으로 두 그룹의 평균값과 표본 표준편차로 t값을 구할 수 있습니다. t값은 검정통계량이라 불리는 값입니다. 실제로 구해낸 t값은 어떠한 값일까요? 다음 그래프를 살펴봅시다.

도표 7-10 **t값은 어떤 값이 되는가**

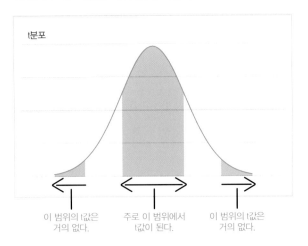

t분포

이 범위의 t값은 거의 없다.

주로 이 범위에서 t값이 된다.

이 범위의 t값은 거의 없다.

$\bar{x}_1$과 $\bar{x}_2$가 같으면 t값은 0이 돼.

　모집단의 평균값이 같다면 측정값으로 구한 평균값의 차이 $\bar{x}_1 - \bar{x}_2$도 작아질 겁니다. 그렇다는 건 중앙 부근의 값이 된다는 것이죠. 하지만 실제로 구한 t값의 절댓값이 커서 중앙이 아닌 끝 쪽의 값이 되었다고 합시다. t값의 절댓값이 커지면 p값(중앙 부분)은 작아집니다. p값이 작다는 것은 그렇게 될 확률이 낮다는 것입니다.

　모집단의 평균값이 같다는 가정(귀무가설)을 바탕으로 그렇게 될 확률이 낮은 일이 발생했다는 것은 그 가정이 틀렸다고 생각하는 게 자연스럽습니다. 이런 경우에 귀무가설을 기각하는 것입니다.

평균값 차이 검정(대응하지 않는 데이터, 등분산)을 파헤쳐보자

구조는 장황하게 설명했지만, 계산은 간단합니다. 203p에서 설명한 식을 사용해 t값을 구하고 그 값을 바탕으로 p값을 구하기만 하면 됩니다. 먼저 계산의 순서를 살펴본 후 실제로 실습해 봅시다.

첫 번째 순서는 t값 계산으로 그래프의 가로축 값을 구하는 겁니다.

📖 도표 7-11 **t값을 구한다**

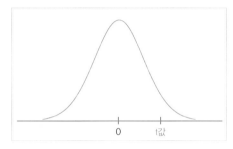

t값을 구했으면 그에 대한 우측확률 p를 구합니다. 식이 상당히 복잡하니 간단하게 T.DIST.RT 함수를 사용해 계산합니다. 아래 그래프의 색칠된 부분의 면적을 구하는 겁니다.

📖 도표 7-12 **p값을 구한다**

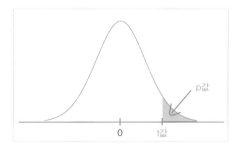

분석 목적 · 데이터 형식

도수분포표 · 히스토그램

평균값 · 중앙값 표준편차 · 분산

순위 · 편차치 ABC 분석

상관관계 · 회귀 분석 · 중회귀분석

시계열 분석

평균값의 · 분산의 차이 검정

독립성 검정 · 상관 · 회귀 검정

부록 · 용어집

이제부터는 Excel을 사용해 계산하는 단계입니다. s^2를 구하는 게 시작인데, 우선은 식을 한번 더 확인해볼까요?

$$s^2 = \frac{(n_1-1)s_1^2 + (n_2-1)s_2^2}{n_1+n_2-2}$$

표본 분산 s_1^2, s_2^2와 데이터의 건수 n_1, n_2를 알면 사칙연산만으로 계산할 수 있습니다. 이제 실습해 볼까요?

실습 7-4 **표본 분산과 데이터의 건수를 구한다** | 실습 파일 7_4

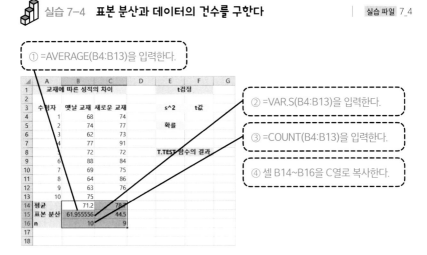

① =AVERAGE(B4:B13)을 입력한다.

② =VAR.S(B4:B13)을 입력한다.

③ =COUNT(B4:B13)을 입력한다.

④ 셀 B14~B16을 C열로 복사한다.

이 단계에서는 아직 평균값을 사용하진 않지만, 하는 김에 구해둡시다. C열만 12행까지 데이터가 입력되어 있는데, AVERAGE 함수, VAR.S 함수, COUNT 함수 모두 빈 셀은 무시하기 때문에 문제없습니다. 표본 분산과 데이터의 건수를 알았으니, 이제 s^2를 계산해 봅시다. 수식을 그대로 입력하면 됩니다.

실습 7-5 s^2의 값을 구한다

=((B16-1)*B15+(C16-1)*C15)/(B16+C16-2)를 입력한다.

◢	A	B	C	D	E	F	G
1	교재에 따른 성적의 차이				t검정		
2							
3	수험자	옛날 교재	새로운 교재		s^2	t값	
4	1	68	74		53.74118		
5	2	74	77		확률		
6	3	62	73				
7	4	77	91				
8	5	72	72		T.TEST 함수의 결과		
9	6	88	84				
10	7	69	75				
11	8	64	86				
12	9	63	76				
13	10	75					
14	평균	71.2	78.7				
15	표본 분산	61.955556	44.5				
16	n	10	9				
17							
18							

s^2를 구한 다음은 검정통계량(t값)을 구할 차례입니다. 식은 아래와 같습니다.

$$T = \frac{\bar{x}_1 - \bar{x}_2}{\sqrt{\left(\frac{1}{n_1} + \frac{1}{n_2}\right)s^2}}$$

이 식의 계산에 필요한 값은 평균값과 데이터의 건수, 그리고 s^2입니다. 앞에서 미리 구해 두었습니다. 다만, 이 예시에서는 $\bar{x}_1$의 값보다 $\bar{x}_2$값이 크기 때문에 분자는 $\bar{x}_1 - \bar{x}_2$로 값을 구합니다(B14-C14가 아니라 C14-B14로 합니다).

	A	B	C	D	E	F	G
1	교재에 따른 성적의 차이				t검정		
2							
3	수험자	옛날 교재	새로운 교재		s^2	t값	
4	1	68	74		53.74118	2.216755	
5	2	74	77		확률		
6	3	62	73				
7	4	77	91				
8	5	72	72		T.TEST 함수의 결과		
9	6	88	84				
10	7	69	75				
11	8	64	86				
12	9	63	76				
13	10	75					
14	평균	71.2	78.7				
15	표본 분산	61.955556	44.5				
16	n	10	9				
17							
18							

=(C14-B14)/SQRT((1/B16+1/C16)*E4)를 입력한다.

남은 것은 t값에 대한 t분포의 우측확률을 T.DIST.RT 함수로 구하는 것 뿐입니다. T.DIST.RT 함수는 자유도라고 불리는 값을 지정해야 하는데, 자유도란 데이터의 건수나 항목 수에서 얻을 수 있는 값으로, 독립된 정보의 개수와 같은 것입니다. t검정에서 자유도는 $n_1 + n_2 - 2$가 됩니다.

=T.DIST.RT(F4,B16+C16-2)

t검정의 우측확률을   t값   자유도
구한다

실습 7-7 t분포의 우측확률을 구한다

실습 파일 7_4

	A	B	C	D	E	F	G
1	교재에 따른 성적의 차이				t검정		
2							
3	수험자	옛날 교재	새로운 교재		s^2	t값	
4	1	68	74		53.74118	2.216755	
5	2	74	77		확률		
6	3	62	73		0.020282		
	4	77			T.TEST 함수의		

=T.DIST.RT(F4,B16+C16-2)
를 입력한다.

12			76				
13	10	75					
14	평균	71.2	78.7				
15	표본 분산	61.955556	44.5				
16	n	10	9				
17							

t값에 대한 우측확률 p를 구했습니다. 검산을 위해서 셀 E9에는 186p에서 본 T.TEST 함수를 입력합니다.

계속 이야기하지만, t검정에서 구하는 검정통계량은 평균값의 차이/표준편차와 같은 값입니다. 이는 흩어진 정도에 대한 평균값의 차이가 어느 정도의 비율인가라는 뜻입니다.

- 평균값의 차이가 크면 t값은 커진다.(p값은 작아진다)
- 평균값의 차이가 커도 표준편차가 크면 t값은 작아진다.(p값은 커진다)
- 평균값의 차이가 작으면 t값은 작아진다.(p값은 커진다)
- 평균값의 차이가 작아도 표준편차가 작으면 t값은 커진다.
  (p값은 작아진다).

즉, 평균값의 차이가 큰 것처럼 보여도 흩어진 정도가 크면 차이가 있다고 하기는 어렵다는 것입니다. 반대로 평균값의 차이가 작은 것처럼 보여도 흩어진 정도가 작으면 차이가 있다고 할 수 있다는 것입니다.

익숙하지 않은 사고방식과 수식, 함수가 많이 나와서 아무래도 피곤하지? 한숨 돌리고 나서 넘어가자.

209

중심극한정리는 다양한 기법의 기초다

모집단이 어떤 분포라 해도 샘플을 몇 개 추출해서 평균값을 여러 번 구하면, 그 평균값은 정규분포에 가까워집니다. 이것을 중심극한정리라고 합니다. 이때 모집단의 평균값을 μ, 표준편차를 σ라고 하면, 추출한 샘플 평균값의 분포는 평균값 μ, 표준편차 σ√n의 정규분포에 가까워집니다.

예를 들어 0~1 범위의 균일분포 평균값은 (0+1)÷2=0.5, 표준편차는 $\sqrt{(1-0)^2/12}$=0.2887입니다. 균일분포란 어떠한 값도 같은 확률로 나타내는 분포입니다. 이처럼 모집단에서 10개의 샘플을 추출해 평균값을 여러 번 구하면, 이들의 분포는 평균이 0.5, 표준편차가 0.2887/√10=0.0913의 정규분포에 가까워지는 것입니다.

아래의 그래프는 10개의 샘플을 1,000회 추출해서 평균값을 구한 경우의 히스토그램입니다(실제로는 이렇게 많은 샘플을 채취하지 않아도 정규분포에 가까워집니다).

🌙 도표 7-13 **0~1의 난수 10회를 1,000회 추출해서 구한 평균값의 히스토그램**

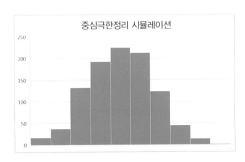

이 경우의 샘플 평균값은 0.502로, 불편 표준편차는 0.0917입니다(난수를 사용하고 있으므로 실행할 때마다 변합니다). 모집단의 평균값과 표준편차가 거의 같다는 것을 알 수 있습니다. 샘플 수가 충분하다면(보통은 30 이상), 모집단이 정규

분포에서 벗어나 있어도 t검정을 어느 정도 사용할 수 있습니다. 이는 중심극한정리가 근거입니다.

분석 목적 · 데이터 형식

도수분포표 · 히스토그램

평균값 · 중앙값 표준편차 · 분산

순위 · 편차치 ABC 분석

상관관계 · 회귀분석 · 중회귀분석

시계열 분석

평균값의 차이 검정 · 분산의 차이 검정

독립성 검정 · 상관 · 회귀 검정

부록 · 용어집

7-2 모집단이 정규분포하지 않는 경우 평균값 차이의 검정은?

평균값 차이 검정을 적용하려면 모집단이 정규분포를 따르고 있다는 전제를 충족해야 합니다. t검정의 성질상, 정규분포에서 다소 벗어나 있어도 적용이 가능하지만, 극단적인 값의 영향이 클 때는 t검정을 사용할 수 없습니다.

이때 사용하는 것이 만 휘트니 U검정(U검정)입니다. 이 검정에서는 샘플의 값이 아니라 순위를 사용해 검정통계량을 구합니다.

모집단의 분포 모델을 전제로 하는 검정을 파라메트릭 검정이라 하고, 전제를 필요로 하지 않는 검정을 논파라메트릭 검정이라고 해.

중앙값 차이를 검정해보자

만 휘트니 U검정을 한 번에 실행하는 함수는 없지만, 다행히도 계산이 단순합니다. 다만 거치는 단계가 많으므로 틀리지 않도록 한 걸음씩 제대로 나아갑시다.

분석 목적·
데이터 형식

도수분포표·
히스토그램

평균값·중앙값
표준편차·분산

순위·편차치
ABC 분석

상관관계·회귀
분석·중회귀분석

시계열 분석

평균값의 차이 검정
·분산의 차이 검정

독립성 검정·
상관·회귀 검정

부록·
용어집

통계 레시피

두 그룹의 중앙값에 차이가 있는지를 검정하려면

방법 ㅣ 만 휘트니 U검정을 사용한다.

이용하는 함수 ㅣ NORM.S.DIST 함수

귀무가설 ㅣ 두 그룹의 모집단의 중앙값은 같다.

만 휘트니 U검정의 순서를 확인하자

만 휘트니 U검정은 평균값이 아니라 중앙값의 차이를 검정합니다. 순서를 살펴봅시다.

① 두 그룹의 모든 데이터를 대상으로 순위를 구한다.

② 각 그룹의 순위 총합을 구한다(이를 R1, R2라고 한다).

③ 아래와 같이 계산한다. 첫 번째 그룹의 데이터 수를 n_1, 두 번째 그룹의 데이터 수를 n_2라고 하고 전체 데이터 수를 N이라 한다.

$$U_1 = n_1 n_2 + \frac{n_1(n_1+1)}{2} - R_1$$

$$U_2 = n_1 n_2 + \frac{n_2(n_2+1)}{2} - R_2$$

④ 분포의 평균과 분산을 아래의 식으로 구한다.

$$\text{평균} = \frac{n_1 n_2}{2}$$

$$\text{분산} = \frac{n_1 n_2 (N+1)}{12}$$

213

⑤ 검정통계량을 아래의 식으로 구한다.

$$\frac{|\, |U_1\text{과 } U_2 \text{ 작은 쪽} - \text{평균}|\, - \frac{1}{2}|}{\sqrt{\text{분산}}}$$

⑥ 검정통계량에 대한 확률(여기서는 양측확률)을 NORM.DIST 함수로 구한다(데이터가 충분하다면 검정통계량은 표준정규분포를 따른다).

NORM.S.DIST 함수로 구할 수 있는 표준정규분포란, 평균이 0, 분산이 1^2인 정규분포를 말합니다.

만 휘트니 U검정을 시행한다

계산 순서를 보면, NORM.S.DIST 함수 외에는 지금까지 다루었던 함수와 사칙연산만으로도 가능하다는 걸 알 수 있습니다.

우선은 모든 순위가 다른 예시로 살펴봅시다. 같은 순위가 있을 때는 수치를 보정해야 합니다.

데이터 형식 · 분석 목적

도수분포표 · 히스토그램

평균값 · 표준편차 · 분산 · 중앙값

ABC 분석 · 순위 · 편차치

상관관계 · 회귀 · 중회귀분석 · 분석

시계열 분석

평균값의 차이 검정 · 분산의 차이 검정

독립성 검정 · 상관 · 회귀 검정

부록 · 용어집

실습 7-8 모든 순위를 구한다 ｜ 실습 파일 7_5

❶ =RANK.EQ(B3,$B$4:$C$11,0)
을 입력한다.

❷ 셀 F4를 셀 G10까지 복사한다.

❸ =SUM(F4:F11)을 입력한다(셀
G12에 복사한다).

❹ =COUNT(F4:F11)을 입력한다
(셀 G13으로 복사한다).

❺ =F13+G13을 입력한다.

실습 7-9에서 U_1과 U_2를 구합니다. 단순한 사칙연산입니다. 실습 7-10
에서는 검정통계량과 확률을 구합니다.

실습 7-9 U_1과 U_2의 값을 구한다 ｜ 실습 파일 7_5

❶ =F13*G13+F13*(F13+1)/2-F12
를 입력한다.

❷ =F13*G13+G13*(G13+1)/2-G12
를 입력한다.

실습 7-10 **만 휘트니 U검정을 시행한다**

실습 파일 7_5

❶ =(F13*G13)/2를 입력한다.
❷ =F13*G13*(F14+1)/12를 입력한다.
❸ =(ABS(MIN(F15,G15)-F16)-0.5)/SQRT(F17)을 입력한다.
❹ =(1-NORM.S.DIST(F18, TRUE))*2를 입력한다.

NORM.S.DIST 함수로 구하는 건 왼쪽 부분의 확률이므로 1에서 빼서 우측확률을 구합니다. 거기에 2배하여 양측확률을 구합니다. 결과는 p=0.024<0.05이므로 5%의 유의성으로 귀무가설은 기각됩니다. 즉 중앙값은 같지 않다고 말할 수 있습니다.

같은 순위가 있는 경우의 만 휘트니 U검정

같은 순위가 있을 때는 순위를 평균값으로 하기 위해서 RANK.AVG 함수로 구한 후, 분산을 다음의 식으로 조정합니다.

$$\text{분산} = \frac{n_1 n_2}{N(N-1)} \times \frac{N^3 - N - (\text{같은 순위 개수}^3 - \text{같은 순위 개수})\text{의 총합}}{12}$$

예를 들어 2위가 2개, 8위가 3개, 15위가 2개라면 (같은 순위 개수^3−같은 순위 개수)의 총합은 $(2^3-2)+(3^3-3)+(2^3-2)$가 됩니다.

아래의 예시에서는 2위가 2개, 8위가 2개, 12위가 2개 있어서 $(2^3-2)+(2^3-2)+(2^3-2)$가 됩니다. 다만, 입력한 수식에서 같은 값을 3개 더하고 있으므로 $(2^3-2)\times3$을 구하는 계산입니다.

분석 목적 · 데이터 형식

도수분포표 · 히스토그램

평균값 · 표준편차 · 중앙값

순위 · ABC 분석 · 편차치

상관관계 · 회귀 분석 · 중회귀분석

시계열 분석

평균값의 차이 검정 · 분산의 차이 검정

독립성 검정 · 상관 · 회귀 검정

부록 · 용어집

실습 7-11 **같은 순위가 있는 경우 만 휘트니 U검정** | 실습 파일 7_6

	A	B	C	D	E	F	G	H	I	J
1					만-휘트니 검정(같은 순위가 있을 경우)					
2										
3	수험자	1회 모의시	2회 모의시험			제1회 순위	제2회 순위	같은 순위?	같은 순위?	
4	1	64	85			❶ 2.5	14 ❷	TRUE	FALSE	
5	2	69	72			5	8.5	FALSE	TRUE	
6	3	70	74			6	10	FALSE	FALSE	
7	4	79	91			11	15	FALSE	FALSE	
8	5	64	72			2.5	8.5	TRUE	TRUE	
9	6	80	80			12.5	2.5	TRUE	TRUE	
10	7	57	71			1	7	FALSE	FALSE	
11	8	65				4		FALSE	FALSE	
12				합계		44.5	75.5	같은 순위의 수	3	
13				건수		8	7	작업용		
14				건수 합계		15		계수	0.266666667 ❸	
15				U		47.5	8.5	같은 순위의 처	278.5 ❹	
16				평균		28				
17				분산		74.26667 ❺				
18				검정통계량		2.204736				
19				확률		0.027473 ❻				
20										

❶ =RANK.AVG(B3,$B$4:$C$11,0)을 입력한다.

❷ 셀 F4를 셀 G11까지 복사한다.

❸ =F13*G13/(F14*(F14-1))을 입력한다.

❹ =(F14^3-F14-(2^3-2)*I12)/12를 입력한다.

❺ =I14*I15를 입력한다.

❻ =(1-NORM.S.DIST(F18,TRUE))*2를 입력한다.

　조정된 분산의 값을 구할 수 있다면, 나머지는 처음에 본 것과 같이 NORM.S.DIST 함수를 사용해 확률을 구하는 것뿐입니다.

7-3 상품 평가의 흩어진 정도에 차이가 있는지를 검정하자

　두 그룹의 데이터를 바탕으로 모집단의 분산 차이를 검정하려면 F검정을 사용합니다. 이용하는 함수는 F.TEST입니다. 과자 맛 비교에서 구한 영진 사브레의 표본 표준편차는 2.21, 타사 사브레의 표본 표준편차는 1.17, 표본 분산은 각각 4.871, 1.358입니다. 이 결과를 보면 분산이 달라지고 있다고 생각할 수 있습니다. 여기서 분산의 차이를 검정해 봅시다.

> 영진 사브레는 좋아하는 사람과 싫어하는 사람으로 나뉠지도 모른다는 이야기야. 한번 검정해 볼까?

분산의 차이를 검정해보자

　F.TEST 함수를 사용하면 분산 차이 검정을 간단히 할 수 있습니다. 하지만 양측검정밖에 할 수 없어서 단측검정을 할 경우에는 수작업으로 구한 검정통계량을 바탕으로 F.DIST.RT 함수로 확률을 구해야 합니다.

　분산의 차이 검정(양측검정)을 시행한다

　단순한 양측검정부터 살펴봅시다. 먼저 귀무가설과 대립가설을 확인합시다. 귀무가설은 두 그룹의 분산은 같다입니다. 따라서 대립가설은 두 그룹의 분산은 다르다가 됩니다.

분석 목적 · 데이터 형식

도수분포표 · 히스토그램

평균값 · 표준편차 · 분산

순위 · 편차치 ABC 분석

상관관계 · 회귀 분석 · 중회귀분석

시계열 분석

평균값의 · 분산의 차이 검정

독립성 검정 · 상관 · 회귀 검정

부록 · 용어집

통계 레시피

두 그룹의 분산에 차이가 있는지를 검정해봅시다.(양측검정)

방법 | F검정을 한다.

이용하는 함수 | F.TEST 함수

전제 | 모집단이 정규분포를 따르고 있다.

귀무가설 | 모집단의 분산은 같다.

=F.TEST(C4:C23,D4:D23)

F검정을 한다   영진 사브레의 평가   타사 사브레의 평가

F.TEST 함수는 데이터의 범위를 지정하면 끝이라 간단합니다.

 실습 7-12 **분산의 차이 검정을 시행한다(양측검정)**　　|　실습 파일 7_7

=F.TEST(C4:C23,D4:D23)을 입력한다.

	A	B	C	D	E	F	G
1		과자의 맛 평가 비교 결과				F검정	
2							
3	샘플	성별	영진 사브레	타사 사브레		양측검정	
4	1	F	2	7		0.0077	
5	2	M	5	6			
6	3	F	8	6			
7	4	M	7	5			
8	5	M	7	6			
9	6	F	3	5			

결과는 0.0077입니다. p<0.01이므로 1%의 유의성으로 귀무가설은 기각

됩니다. 즉, 분산에는 차이가 있다는 겁니다. 평균값 차이 검정에서 차이가 있다고는 할 수 없다라는 결과가 이미 나왔기 때문에 종합적인 평가의 차이는 없지만, 영진 사브레 쪽이 호불호의 폭이 넓다고 할 수 있습니다(다만, 양측검정이라는 점에 주의합시다. 따라서 영진 사브레의 분포가 크다는 것이 아니라 다르다고 말할 수밖에 없습니다).

싫어하는 사람도 받아들일 수 있는 맛으로 바꾸면 더 인기가 많아지겠네요?

 그 말도 맞지만, 오히려 우리 상품의 특징을 잃어버려서 기존의 고객을 잃게 될지도 몰라.

이것저것 다 받아들인다고 좋은 게 아니네요.

 영진 사브레는 그대로 두고, 싫어하는 사람들을 위한 신상품을 개발하는 것도 방법이야.

분산 차이 검정(단측검정)을 시행한다

대립가설을 바꾸는 게 옳은 방법이 아니지만, 여기서는 계산 순서를 알기 위해서 단측검정도 해봅시다. 대립가설은 영진 사브레의 분산이 더 크다입니다. F분포는 좌우 대칭인 분포가 아니므로 F.TEST 함수 결과의 절반을 2로 나눠도 단측검정의 확률이 되지 않습니다.

분석 목적 · 데이터 형식

도수분포표 · 히스토그램

평균값 · 표준편차 · 분산

순위 · 편차치 ABC 분석

상관관계 · 회귀 분석 · 중회귀분석

시계열 분석

평균값의 차이 검정 · 분산의 차이 검정

상관 · 회귀 검정 독립성 검정

부록 · 용어집

도표 7-14 F분포의 그래프

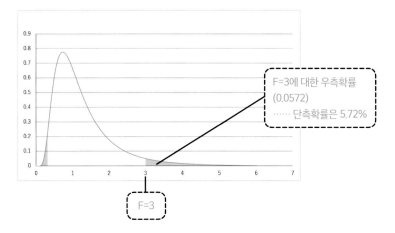

도표 7-14 그래프 전체의 면적을 1이라 했을 때, 색칠한 부분의 면적이 검정통계량에 대한 p값이 됩니다. 단측검정에서는 한쪽의 색칠한 부분의 면적이 p가 되고, 양측검정에서는 양쪽의 색칠한 부분의 면적의 합이 p값이 됩니다. F.TEST 함수에서 구한 결과는 양측확률이므로 양쪽 색칠한 부분의 면적의 합이 됩니다.

여기서는 단측검정을 시행하므로 검정통계량(F값)을 수작업으로 계산해서 그 값을 바탕으로 p값을 구해야 합니다. 단측검정을 위한 검정통계량은 분산의 비로 구할 수 있습니다. 영진 사브레의 분산을 s_1^2이라 하고 타사 사브레의 분산을 s_2^2이라 하면, s_1^2 / s_2^2을 구합니다. 값이 큰 쪽을 분자로 한다는 것을 명심하세요.

이 값은 자유도 1이 n_1-1, 자유도 2가 n_2-1인 F분포를 따른다고 알려져 있습니다. 여기서 F.DIST.RT 함수에 검정통계량과 자유도를 지정해서 우측확률을 구합니다.

=F.DIST.RT(G6,G4-1,H4-1)

F분포의 우측확률을 구한다   분산의 비   자유도 1   자유도 2

실습 7-13 분산의 차이를 검정한다(단측검정)

실습 파일 7_8

① =VAR.S(C4:C23)을 입력한다.

② =VAR.S(D4:D23)을 입력한다.

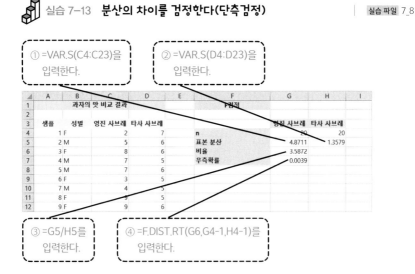

③ =G5/H5를 입력한다.

④ =F.DIST.RT(G6,G4-1,H4-1)를 입력한다.

결과는 0.0039입니다. $p < 0.01$이므로 1%의 유의성으로 귀무가설은 기각되었습니다. 즉, 영진 사브레의 분산이 더 크다는 겁니다.

검정통계량으로 확률을 구하는 방법에 꽤 익숙해졌어요. 계산 방법은 달라도 사고하는 방법이나 순서는 같네요.

또한 분산의 작은 쪽의 값/큰 쪽의 값은 좌측확률에 대한 검정통계량입니다. 실습 파일에서는 수작업으로 구한 우측확률과 좌측확률을 더해서 양측확률을 구한 예시도 포함하고 있습니다. 당연하게도 이 값은 F.TEST 함수의 결과와 일치합니다.

분석 목적 · 데이터 형식

도수분포표 · 히스토그램

평균값 · 중앙값 표준편차 · 분산

순위 · 편차치 ABC 분석

분석 · 중회귀분석 상관관계 · 회귀

시계열 분석

평균값의 차이 검정 · 분산의 차이 검정

상관 · 회귀 검정 독립성 검정 ·

부록 · 용어집

지식➕더하기

분산의 차이 검정과 평균값의 차이 검정

평균값의 차이 검정(t검정)은 모분산이 같은지의 여부에 따라 검정 방법이 달라집니다. 그렇다면 먼저 분산의 차이 검정(F검정)을 실시하고 그 결과에 따라 t검정 방법을 바꾸면 되는 것이 아닌가 생각할 수도 있습니다.

그러나 F검정에서 다르다고는 할 수 없다라는 결과가 나왔어도 그것이 오류일 가능성을 무시할 수 없고, 같다라고 단정할 수도 없습니다. 따라서 F검정 결과를 전제로 하면 오류의 가능성이 커집니다. 이는 흔들리는 토대를 기반으로 하는 것과 비슷합니다. 웬만해선 흔들리지 않는, 허용 레벨이라고 생각되는 토대라도 그 토대 위에 또 하나의 토대를 올리면 어떻게 될까요? 당연하게도 불안정해집니다.

그러므로 분산이 같은지 다른지 모를 때는 F검정의 기각 영역을 크게 잡아서 (유의 수준을 10%에서 20%로 해서) 다르다고는 할 수 없다라고 말하기 어렵게 하거나, 처음부터 분산의 차이가 있는 경우에 t검정을 하는 것이 타당합니다.

제 8 장

예측에 도움이 되는 것은
어떤 요인인가 판별한다

독립성 검정 · 상관 검정 · 중회귀분석 검정

STORY

검정은 분석에 근거를 부여하는 강력한 도구입니다. 제7장에서는 평균값과 분산이라는 수량 비교를 위한 검정을 살펴보았습니다. 성별에 따라 인터넷 광고 영향력에 차이가 있는지 알 수 있고, 상관계수 및 회귀분석 검정도 할 수 있다면 관계에 대해 더욱 깊은 분석을 할 수 있을 겁니다.

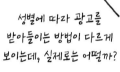

성별에 따라 판촉 수단을 바꿀 필요가 있는가?

영진 사브레의 타깃인 여성에게 인터넷 광고로 판매를 촉진하려면 어떠한 방법이 유효할까요? 성별에 따라 광고를 참고하는 차이가 있는 걸까요? 이러한 관계에 대해 더 깊이 알고 싶다면 어떻게 분석하면 좋을까요?

분석 목적·데이터 형식

도수분포표·히스토그램

평균값·표준편차·중앙값·분산

순위·편차치 ABC 분석

상관관계·회귀 분석·중회귀분석

시계열 분석

평균값의 차이 검정·분산의 차이 검정

독립성 검정·상관, 회귀 검정

부록·용어집

카이제곱검정으로 관계를 검정해보자!

성별, 광고를 참고하는지의 여부 또한 명목척도입니다. 이와 같은 명목척도끼리의 관계를 알아보고 싶을 때는 카이제곱검정을 이용합니다. 또 관계의 연결을 통해 상관관계가 있는지를 알아보는 검정이나 회귀분석의 회귀식이 적합한지, 계수는 유효한지 등의 검정도 함께 해봅시다.

8-1 성별에 따라 인터넷 광고의 영향력이 다른지를 알아보자

남녀 50명을 대상으로 인터넷 광고를 구매 활동에 참고하는가라는 설문 조사를 했다고 합시다. 그 대답은 예와 아니오 중 하나입니다. 즉, 명목척도 입니다. 67점이나 10,000원처럼 수치(간격척도)라면 평균값 차이를 검정하 면 되는데 이 경우는 그렇게는 안 되겠죠.

이때 카이제곱검정이라 불리는 검정을 합니다. 카이제곱검정을 하려면 먼 저 교차집계표를 작성해 도수를 집계해야합니다. 시작합시다.

카이제곱검정은 2x2의 교차집계표로 독립성 검정에 사용되는 일이 많지만, mxn의 경우에도 사용할 수 있어. 카이제곱검정은 그리스 문 자인 χ^2으로도 표현해

성별과 광고 이용의 관계를 교차집계표로 정리하려면

카이제곱검정을 진행하기 위해서도 있지만, 처음에 제대로 데이터를 처리 하여 그래프를 이용한 시각화를 통해 어떤 경향인지 예상하는 것은 언제나 중요합니다.

여기서는 도수를 집계하기 때문에 도수분포표를 작성할 때 살펴본 COUNTIFS 함수를 이용하면 됩니다. 교차집계표란 행과 열이 교차하는 셀 에 도수가 집계되는 것을 말합니다. 도표 8-1의 박스 표시된 부분에 해당합 니다.

분석 목적·데이터 형식

도수분포표·히스토그램

평균값·중앙값 표준편차·분산

순위·편차치 ABC 분석

상관관계·회귀 분석·중회귀분석

시계열 분석

평균값의 차이 검정·분산의 차이 검정

독립성 검정·상관·회귀검정

부록·용어집

통계 레시피

교차집계표로 도수를 집계하려면

방법 ｜ 행과 열에 항목의 제목을 입력하고 항목의 제목에 일치하는 데이 터의 개수를 센다.

이용하는 함수 ｜ COUNTIFS 함수

설문조사 데이터는 실습 파일 8_1의 셀 A4~C53에 입력되어 있습니다. 이를 다음과 같은 교차집계표로 집계합니다.

🌙 도표 8-1 **교차집계표의 예**

⊿	A	B	C	D	E	F	G	H	I
1		인터넷 광고 조사				교차집계표			
2									
3	샘플	성별	구입에 참고한다		성별 / 답변	Y	N	합계	
4	1	M	Y		M	7	17	24	
5	2	M	N		F	15	11	26	
6	3	M	N		합계	22	28	50	
7	4	F	Y						
8	5	M	Y						
9	6	M	Y						
10	7	F	Y						
11	8	F	Y						
12	9	M	N						

교차집계표

예를 들어 셀 F4에는 셀 B4~B53에 M이라고 입력되어 있고, 셀 C4~C53 에 Y라고 입력된 셀의 개수를 셈하면 도수를 구할 수 있습니다.

=COUNTIFS($B$4:$B$53,$E4,$C$4:$C$53,F$3)

| 조건에 맞는 데이터의 개수를 구한다 | 성별이 | M이고 | 구매에 참고하는지 여부가 | Y라면 |

실습 8-1 **교차집계표로 도수를 집계한다** 　　　실습 파일 8_1

① =COUNTIFS($B$4:$B$53,$E4
,$C$4:$C$53,F$3)을 입력한다.

② 셀 F4를 셀 G5까지 복사한다.

▲	A	B	C	D	E	F	G	H	I
1		인터넷 광고 조사				교차집계표			
2									
3	샘플	성별	구입에 참고한다		성별 / 답변	Y	N	합계	
4	1	M	Y		M	7	17	24	
5	2	M	N		F	15	11	26	
6	3	M	N		합계	22	28	50	
7	4	F	Y						
8	5	M	Y						
9	6	M	Y						
10	7	F	Y						
11	8	F	Y						

③ 셀 F4~H6를 선택하고 홈 탭의 Σ 버튼을 클릭하여 가로세로의 합계를 구한다.

피벗 테이블로도 간단히 집계할 수 있어. 실습 파일에는 피벗 테이블을 사용한 예시도 있어.

　교차집계표를 만들 때 그래프도 그려둡시다. 셀 E3~G5를 선택해 막대그래프를 만들면, 도표 8-2의 그래프를 그릴 수 있습니다. 자동으로 그래프를 작성하면 성별이 계열이 되므로 행/열 전환 버튼을 클릭해 답변한 사람을 계열로 지정했습니다.

230

🌙 도표 8-2 교차집계표를 그래프로 작성한다

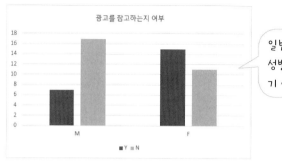

일반적인 막대그래프라면 성별에 의한 차이를 파악하기 어려울 수 있다.

그래프를 보면 남성은 인터넷 광고를 별로 참고하지 않고, 여성은 참고하는 것으로 보입니다. 이 예시는 여성과 남성의 인원수가 거의 같으므로 막대그래프로도 파악할 수 있습니다. 그러나 설문조사에 답변한 여성과 남성의 인원수가 다르면 이 그래프만으로는 어떤 관계가 있는지 파악하기 어렵습니다. 그런 경우, 즉 비율을 비교하고 싶은 경우에는 100% 기준 누적 세로 막대그래프가 적절합니다.

실습 8-2 그래프 종류를 100% 기준 누적 세로 막대형 그래프로 변경한다

실습 파일 8_1

① 그래프 선택 → 디자인 탭 → 차트 종류 변경을 클릭한다.

② 100% 기준 누적 세로 막대를 클릭한다.

③ 왼쪽 그래프를 선택하고 확인을 클릭한다.

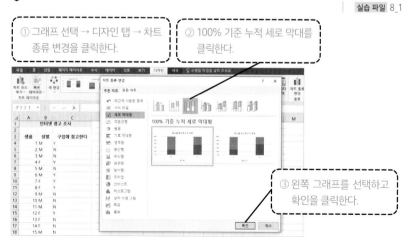

분석 목적·데이터 형식

도수분포표·히스토그램

평균값·표준편차·중앙값·분산

순위·편차 ABC 분석

상관관계·회귀 분석·중회귀분석

시계열 분석

평균값의 차이 검정·분산의 차이 검정

상관·회귀 검정·독립성 검정

부록·용어집

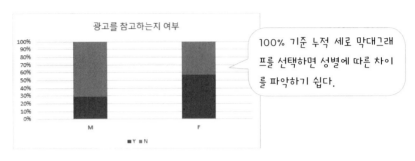

이 그래프라면 광고를 참고하고 있는지 성별에 따른 비율 차이를 쉽게 알
수 있습니다.

카이제곱검정으로 성별과 광고 이용의 관계를 알아보자

이제 카이제곱검정을 시행해봅시다. 여기서 시행하는 검정을 독립성 검정
이라고도 부릅니다. 독립이라는 것은 관계가 없다는 뜻입니다. 성별에 따라
광고를 참고하는가 참고하지 않는가에 차이가 있다면, 성별과 광고 이용의
관계는 독립적이지 않은 겁니다. 성별 차이와 관계없이 똑같이 참고하는 것
이라면 성별과 서비스는 독립된 것이죠.

카이제곱검정에서는 독립일 경우의 기댓값을 구해두고 실측값과 차이가
얼마인지에 따라 검정을 시행합니다. 기댓값이라는 것은 성별에 따라 광고
를 참고하는지가 관계 없다면 이러한 값이 될 것이다라는 값입니다. 검정에
이용하는 함수는 CHISQ.TEST 함수입니다.

분석 목적 · 데이터 형식

도수분포표 · 히스토그램

평균값 · 중앙값 표준편차 · 분산

순위 · 편차치 ABC 분석

상관관계 · 회귀 분석 · 중회귀분석

시계열 분석

평균값의 차이 검정 · 분산의 차이 검정

독립성 검정 상관 · 회귀 검정

부록 · 용어집

통계 레시피

두 가지 변수가 독립인지 아닌지 검정하려면

방법 | 카이제곱검정을 사용한다.

이용하는 함수 | CHISQ.TEST 함수

귀무가설 | 두 가지 변수는 독립이다.

준비 | 미리 교차집계표를 사용해서 기댓값을 구해둔다.

유의점 | 항목은 대응하지 않는 항목으로 한다.

그렇다면 기댓값을 구해봅시다. 먼저 식을 입력합시다.

실습 8-3 **기댓값을 구한다**　　　　　　　　　　　| 실습 파일 8_2

> ① =F\$6*\$H4/\$H\$6을 입력한다.

> ② 셀 F11을 셀 G12까지 복사한다.

▲	A	B	C	D	E	F	G	H	I
1		인터넷 광고 조사				교차집계표			
2									
3	샘플	성별	구입에 참고한다		성별 / 답변	Y	N	합계	
4	1	M	Y		M	7	17	24	
5	2	M	N		F	15	11	26	
6	3	M	N		합계	22	28	50	
7	4	F	Y						
8	5	M	N			기댓값			
9	6	M	Y						
10	7	F	Y		성별 / 답변	Y	N	합계	
11	8	F	Y		M	10.56	13.44	24	
12	9	M	N		F	11.44	14.56	26	
13	10	M	N		합계	22	28	50	
14	11	M	N						
15	12	F	Y						

233

입력하는 식은 간단한 사칙연산입니다. 여기서는 수식을 복사해서 입력할 수 있게 하려고 절대 참조와 상대 참조를 사용하고 있지만, 사실 셀 F11은 =F6*H4/H6이라는 단순한 식입니다. 셀 F12는 =F6*H5/H6입니다.

이 식은 어떤 의미일까요? 어떤 의미가 이렇게 식으로 표현된 걸까요?

- 셀 F11(남성이며 광고를 참고하는 사람)은
  광고를 참고하는 사람 전체×여성의 수/전체의 수
- 셀 F12(여성이며 광고를 참고하지 않는 사람)은
  광고를 참고하는 사람 전체×여성의 수/전체의 수

즉, 성별에 따른 차이가 없다면 광고를 참고하는 남성 수와 여성 수의 비율은 전체 남성 수와 여성 수의 비율과 같을 것이라는 이야기입니다.

◑ 도표 8-4 기댓값을 구하는 방법과 카이제곱검정의 의미

전체 인원수

전체	남성	여성
50명 (셀 H6)	24명 (셀 H4)	26명 (셀 H5)
비율	24/50	26/50

전체 남성과 여성의 비율은 24:26이다. 비율이 같으면 광고를 참고하는 사람인 22명도 24:26으로 나뉠 것이다.

기댓값

답변이 Y	남성	여성
22명 (셀 F6)	22명 중 24/50명일 것이다. 즉, 22×24/50 =10.56명일 것이다.	22명 중 26/50일 것이다. 즉, 22×26/50 =11.44명일 것이다.

이것이 기댓값 (답변이 N인 경우도 똑같이 구할 수 있다.)

이 차이를 검정

실측값(실제 값)

답변이 Y	남성	여성
22명	7명이었다.	15명이었다.

　기댓값과 실측값을 알면, 남은 일은 HISQ.TEST 함수에 그 값을 지정하는 것뿐입니다. 귀무가설은 두 가지 변수는 독립이다이며 대립가설은 두 가지 변수는 독립이 아니다입니다. 대립가설은 어느 쪽이 크거나 작다는 것이 아니라 기댓값에 대한 실측값의 차이가 크다는 것이므로 단측검정이 됩니다(CHISQ.TEST 함수는 단측확률을 반환합니다).

=CHISQ.TEST(G4:K5,G11:K12)

카이제곱검정을   실측값의   기댓값의
시행한다   범위   범위

 실습 8-4 **카이제곱검정을 한다**　　　　　　　　　　　　| 실습 파일 8_3

┌ ─ ─ ─ ─ ─ ─ ─ ─ ─ ─ ─ ─ ─ ─ ─ ─ ─ ─ ┐
│ =CHISQ.TEST(F4:G5,F11:G12)를 입력한다. │
└ ─ ─ ─ ─ ─ ─ ─ ─ ─ ─ ─ ─ ─ ─ ─ ─ ─ ─ ┘

	A	B	C	D	E	F	G	H	I
1		인터넷 광고 조사				교차집계표			
2									
3	샘플	성별	구입에 참고한다		성별 / 답변	Y	N	합계	
4	1	M	Y		M	7	17	24	
5	2	M	N		F	15	11	26	
6	3	M	N		합계	22	28	50	
7	4	F	Y						
8	5	M	N			기댓값			
9	6	M	Y						
10	7	F	Y		성별 / 답변	Y	N	합계	
11	8	F	Y		M	10.56	13.44	24	
12	9	M	N		F	11.44	14.56	26	
13	10	M	N		합계	22	28	50	
14	11	M	N						
15	12	F	Y		카이제곱검정				
16	13	F	N		0.0423				
17	14	F	N						

결과는 0.0423입니다. $p < 0.05$이므로 귀무가설은 기각됩니다. 즉, 두 가지 변수는 독립이 아닙니다. 이는 성별에 따라 인터넷 광고를 참고하는지가 다르다는 것입니다.

> 역시 남성보다 여성이 인터넷 광고를 참고하는 비율이 크다는 거네요?

수작업으로 카이제곱검정을 시행하는 것도 비교적 간단합니다. 검정통계량은 (실측값−기댓값)^2÷기댓값의 합계입니다. 이 값과 자유도를 CHISQ. DIST.RT 함수에 지정하면 p값(우측확률)을 구할 수 있습니다. 자유도는

(항목 수-1)의 곱입니다. 이 예시에서는 성별이 두 항목, 답변이 두 항목이므로 $(2-1) \times (2-1) = 1$입니다. 실습 파일에는 직접 수작업으로 계산해서 카이제곱검정을 하는 예시도 포함하고 있으니 흥미가 있는 사람은 참조하세요.

카이제곱검정의 유의점

카이제곱검정에서 교차집계표 항목은 대응하지 않습니다. 대응하는 항목에는 카이제곱검정을 적용할 수 없습니다. 예를 들어 아래와 같은 데이터를 카이제곱검정으로 분석하는 것은 적절하지 않습니다.

🍃 도표 8-5 **대응하는 데이터의 예시**

C열과 D열이 대응하고 있다.

이 예시는 한 사람의 컴퓨터와 스마트폰 소유 여부를 묻고 있습니다. C열의 데이터와 D열의 데이터는 대응하는 데이터입니다.

대응하는 데이터를 분석하는 것은 상당히 어렵습니다. 그렇다면 어떻게 하면 좋을까요? 애초에 분석하기 쉬운 형식으로 데이터를 모아야 합니다. 처음부터 다시 시작해야 하는 일이 되는 것이죠. 예를 들어, 소지하고 있는 대수에 관심이 있다면 소지하고 있는 컴퓨터와 스마트폰의 대수를 조사합니다. 또 얼마나 사용하고 있는가에 관심이 있다면 컴퓨터와 스마트폰의 사

분석 목적 · 데이터 형식

도수분포표 · 히스토그램

평균값 · 중앙값 표준편차 · 분산

순위 · 편차치 ABC 분석

상관관계 · 회귀 분석 · 중회귀분석

시계열 분석

평균값의 차이 검정 · 분산의 차이 검정

독립성 검정 · 상관, 회귀 검정

부록 · 용어집

용 시간을 조사합니다. 그렇게 하면 C열과 D열의 값이 수치로 표시되므로 두 가지 요인의 분산분석을 사용할 수 있습니다. 분산분석에 관해서는 부록(248p)에서 간단하게 소개하겠습니다. 상세한 내용은 제공되는 해설 문서와 실습 파일을 참고해주세요.

실험이나 설문조사는 목적에 맞게 분석 방법을 결정하고 그 분석 방법에 적합한 형식으로 데이터를 모읍니다. 이처럼 계획을 세우고 조사나 분석을 진행하는 것이 본래의 방식입니다. 이미 데이터가 축적되어 있어서 적합한 수단을 찾아야 할 때도 있겠지만, 수천 건의 데이터가 있는 경우라면 애초에 검정은 필요 없습니다. 오히려 의미 없는 근소한 차이들을 검출할 뿐입니다(실제로는 데이터의 수가 50을 넘어가기만 해도 이와 같은 문제가 발생합니다).

카이제곱검정에는 또 하나의 중요한 유의점이 있습니다. 도수나 합계에 작은 셀이 있을 때는 적절한 결과를 얻을 수 없다는 점입니다. 일반적으로 각 셀의 도수는 5 이상, 합계는 10 이상의 값이 필요합니다. 이때는 직접확률계산법이라 불리는 별도의 방법을 사용하거나 비슷한 항목을 정리해서 도수가 작은 셀을 만들지 않을 필요가 있습니다.

비율 차이의 상호작용 검정과 직접확률계산법에 관해서는 실습 파일 8_3에 포함되어 있습니다.

분석 목적 · 데이터 형식

도수분포표 · 히스토그램

평균값 · 중앙값 · 표준편차 · 분산

순위 · 편차치 · ABC 분석

상관관계 · 회귀 분석 · 중회귀분석

시계열 분석

평균값의 차이 검정 · 분산의 차이 검정

독립성 검정 · 상관, 회귀 검정

부록 · 용어집

8-2 부동산의 넓이와 집세에 상관관계가 있는지 검정하자

제5장에서는 부동산의 면적과 집세라는 변수 사이에 관계가 있는지를 알아보기 위해서 상관계수를 구했습니다. 또 예측을 시행하기 위해 회귀분석을 실시하고 회귀식의 계수와 상수항을 구했습니다. 그러나 값을 구했을 뿐이므로 상관관계가 있는지 없는지는 숫자의 크기가 주는 느낌만 말할 수 있었습니다. 그러니 근거 있는 판단을 위해 검정을 시행해 봅시다.

> 구했던 상관계수는 약 0.9였어. 이 정도로 상관관계가 강하면 검정
> 할 필요도 없을 것 같은데… 그래도 계산 방법을 알아두는 게 좋겠지.

상관관계가 있는지를 검정하려면

상관계수의 검정을 시행하는 함수는 따로 없어서 수작업으로 검정통계량을 계산하여 확률을 구해야 합니다. 계산 방법은 단순하니까 간단하게 살펴보고 넘어갑시다.

통계 레시피

두 변수 사이에 상관관계가 있는지를 검정하려면

방법 │ 무상관 검정을 한다.

이용하는 함수 │ T.DIST.2T 함수

귀무가설 │ 두 변수 사이에는 상관관계가 없다.

준비 │ 미리 상관계수를 구하고 검정통계량을 계산해둔다.

귀무가설은 상관관계가 없다(상관계수는 0이다)입니다. 대립가설은 상관관계가 있다입니다. 상관계수는 정말 큰 경우와 음수로 큰 경우가 있으므로 양측검정이 됩니다. 검정통계량을 구하기 위한 식은 아래와 같습니다. n은 데이터의 개수, r은 상관계수입니다.

$$T = \frac{r\sqrt{n-2}}{\sqrt{1-r^2}}$$

검정통계량은 자유도 n-2의 t분포를 따르므로 T.DIST.2T 함수로 검정통계량과 자유도를 지정해 확률을 구합니다.

```
=T.DIST.2T(J4,I6-2)
```
t분포의 양측 확률을 구한다   t값   자유도

분석 목적·
데이터 형식

도수분포표·
히스토그램

평균값·중앙값
표준편차·분산

순위·편차치
ABC 분석

분석·충회귀분석
상관관계·회귀분석

시계열 분석

평균값의 차이
·분산의 차이 검정

상관·회귀 검정·
독립성 검정

부록·
용어집

실습 8-5 상관계수 검정을 한다

실습 파일 8_4

① =CORREL(F4:F53,G4:G53)를 입력한다.

② =(I4*SQRT(16-2))/SQRT(1-14^2)를 입력한다.

	A	B	C	D	E	F	G	H	I	J	K	L
1			아파트 부동산 데이터							상관계수 검정		
2												
3	No.	역까지 도보 거리	건축 년수	층	방 구조	면적	집세		상관계수	검정통계량	확률	
4	1	7	19	2	2LDK	38.35	14.9		0.9031	14.56897	3.031E-19	
5	2	3	22	2	1K	22.85	7.4		n			
6	3	3	22	4	1K	21.96	8		50			
7	4	3	22	6	1K	21.96	8					
8	5	3	34	7	1R	18.03	5					
9	6	4	16	3	1DK	36.83	11.2					
10	7	6	26	2	1K	17.62	5.3					
11	8	6	26	2	1K	19	4.9					
12	9	6	26	2	1K	15	5.4					
13	10	6	26	1	1K	16	5.2					

③ =T.DIST.2T(J4,I6-2)를 입력한다.

결과는 3.031E-19입니다. 이는 3.031×10^{-19}라는 작은 값이므로 $p < 0.001$로 귀무가설은 기각됩니다. 즉, 상관관계가 있다는 것입니다.

다만, 상관계수 검정으로 구한 확률은 강한 상관관계를 나타내는 것이 아니라는 점에 주의할 필요가 있습니다. 예를 들어 실습 8-5의 표에서 셀 I4에 0.1, I6에 500을 입력하면, 확률이 0.0253이 되고 상관계수가 0.1밖에 없음에도 불구하고 5%의 유의성을 갖게 됩니다. 이는 상관관계는 있지만(상관관계가 없다는 것은 부정할 수 있다), 그 상관관계가 약하다는 것입니다.

0.1%의 유의성이므로 상관관계가 상당히 강하다는 거네요.

아니, 그게 아니라 상관관계가 없다는 걸 강하게 부정할 수 있다는 거야.

아... 상관관계가 있는지, 없는지를 검정하는 거였죠.

강한 상관관계는 상관계수로 판단하자. 일반적으로 0.3정도라면 약한 상관관계, 0.5정도라면 어느 정도 강한 상관관계, 0.7이상이라면 강한 상관관계라고 할 수 있어.

8-3 부동산 정보로 집세를 설명할 수 있는지 검정하자

5-3에서 소개한 중회귀분석에서는 역까지 도보 시간, 건축년수, 면적이라는 설명변수를 바탕으로 집세를 예측하는 회귀식을 구했습니다. 회귀식에 대한 검정으로는 회귀식의 적합도와 계수의 유효성 검정을 할 수 있습니다.

> 중회귀분석 검정에서 필요한 값은 모두 LINEST 함수의 보정항을 구하면 얻을 수 있어.

회귀식의 적합도를 검정하려면

적합도란, 원래의 데이터가 회귀식으로 표현되는 직선이나 평면 가까이에 모여있는 것입니다. 검정에서는 LINEST 함수로 구한 값을 사용할 수 있으므로 실질적인 작업은 F.DIST.RT 함수로 확률을 구하는 것뿐입니다.

통계 레시피

중회귀식의 적합도를 검증해봅시다.

방법 | 중회귀분석에서 얻은 F값을 바탕으로 확률을 구한다.

이용하는 함수 | LINEST 함수, F.DIST.RT 함수

귀무가설 | 회귀식이 적합하지 않다.

분석 목적 · 데이터 형식

도수분포표 · 히스토그램

평균값 · 표준편차 · 중앙값 · 분산

순위 · 편차치 ABC 분석

분석 · 상관관계 · 회귀 · 중회귀분석

시계열 분석

평균값의 차이 검정 · 분산의 차이 검정

독립성 검정 · 상관 회귀 검정

부록 · 용어집

243

여기서 사용하는 함수는 이미 알아본 것들입니다. LINEST 함수로 구할 수 있는 값 중 검정에 사용되는 값은 보정항이라 불리는 항목에 포함되어 있으므로 마지막 인수에 TRUE를 지정하여 보정항을 구해야합니다.

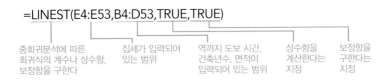

=LINEST(E4:E53,B4:D53,TRUE,TRUE)

중회귀분석에 따른 / 집세가 입력되어 / 역까지 도보 시간, / 상수항을 / 보정항을
회귀식의 계수나 상수항, / 있는 범위 / 건축년수, 면적이 / 계산한다는 / 구한다는
보정항을 구한다 / / 입력되어 있는 범위 / 지정 / 지정

LINEST 함수는 배열 수식으로 입력합니다. 목적변수의 범위는 셀 E4~E53, 설명변수의 범위는 셀B4~B53입니다.

실습 8-6 중회귀분석의 보정항을 구한다   실습 파일 8_5

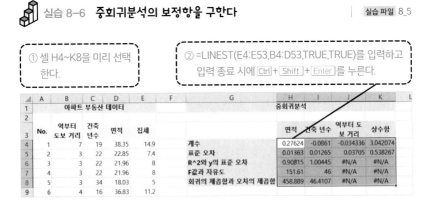

① 셀 H4~K8을 미리 선택 한다.

② =LINEST(E4:E53,B4:D53,TRUE,TRUE)를 입력하고 입력 종료 시에 Ctrl + Shift + Enter 를 누른다.

160p에서 본 것처럼 LINEST 함수로 구할 수 있는 계수는 원래의 설명변수와는 순서가 반대라는 점에 주의하세요.

귀무가설은 회귀식의 적합도가 낮다이며, 대립가설은 회귀식의 적합도가 높다입니다. 이는 셀 H7의 F값을 바탕으로 F.DIST.RT 함수로 검정할 수 있습니다. 자유도 1은 설명변수의 개수(3)으로, 자유도 2는 셀 I7으로 구하고 있는 값입니다.

=F.DIST.RT(H7,3,I7)

F분포의 우측확률을   분포의 비(F값) 자유도 1 자유도 2
구한다

분석 목적 · 데이터 형식

도수분포표 · 히스토그램

평균값 · 표준편차 · 중앙값 · 분산

순위 · 편차치 ABC 분석

상관관계 · 회귀 분석 · 중회귀분석

시계열 분석

평균값의 차이 검정 · 분산의 차이 검정

독립성 검정 · 상관 회귀 검정

부록 · 용어집

실습 8-7   중회귀식의 적합도를 검정한다

실습 파일 8_6

=F.DIST.RT(H7,3,I7)을 입력한다.

	G	H	I	J	K	L
1		중회귀분석				
2						
3		면적	건축 년수	역부터 도보 거리	상수항	
4	계수	0.27624	-0.0861	-0.034335904	3.042074	
5	표준 오차	0.01363	0.01265	0.037050044	0.538267	
6	R^2와 y의 표준 오차	0.90815	1.00445	#N/A	#N/A	
7	F값과 자유도	151.61	46	#N/A	#N/A	
8	회귀의 제곱합과 오차의 제곱합	458.889	46.4107	#N/A	#N/A	
9						
10		회귀식의 적합성 검정				
11						
12	확률	7.4E-24				
13						

결과는 7.4E-24로 아주 작은 값입니다. $p < 0.001$로 귀무가설은 기각됩니다. 즉, 회귀식의 적합도가 높다는 것입니다.

F값은 회귀의 제곱합(셀 H8)을 자유도 1(3)로 나눈 값과, 오차의 제곱합(셀 I8)을 자유도 2(셀 I7)로 나눈 값의 비율로도 구할 수 있습니다. 어느 하나의 셀에 =(H8/3)/(I8/I7)을 입력하면 158.61이 되는 것을 확인할 수 있을 것입니다.

여기서 구하는 회귀의 제곱합은 각 데이터와 평균의 차의 제곱합입니다. 이를 자유도로 나눈 것이 분산입니다. 알기 쉽게 말하면 회귀식의 분산÷오차의 분산이 F값이 되는 것입니다. 즉, 오차의 분산이 작으면 F값은 커지므로 우측확률은 낮아지고 유의해집니다(적합도가 높다는 것입니다).

245

회귀식 계수의 유효성을 검정하려면

　계속해서 계수의 유효성을 검증합시다. 중회귀분석에서 어느 계수가 예측에 도움이 되는지를 검증합니다. 방법은 간단합니다. 계수를 표준오차로 나눈 값이 검정통계량(t값)이 됩니다. 검정통계량을 바탕으로 T.DIST.2T 함수로 양측확률을 구합니다.

통계 레시피

중회귀식 계수의 유효성을 검정해봅시다.

방법 ｜ 중회귀분석에서 얻은 계수를 표준오차로 나눠 얻은 t값을 바탕으로 확률을 구한다.

이용하는 함수 ｜ T.DIST.2T 함수

귀무가설 ｜ 계수는 유효하지 않다.

　귀무가설은 계수는 유효하지 않다, 대립가설은 계수는 유효하다입니다. 실습 8-7의 LINEST 함수에서 구한 보정항 중, 계수를 표준오차로 나눈 값이 t값입니다.

=T.DIST.2T(ABS(H17),$I$7)

분포의 양측　　　　t값　　　자유도
확률을 구한다

분석 목적 · 데이터 형식

도수분포표 · 히스토그램

평균값 · 중앙값 표준편차 · 분산

순위 · 편차치 ABC 분석

상관관계 · 회귀 분석 · 중회귀분석

시계열 분석

평균값의 차이 검정 · 분산의 차이 검정

상관 · 회귀 검정 · 독립성 검정

부록 · 용어집

실습 8-8 중회귀식 계수의 유효성을 검정한다

실습 파일 8_7

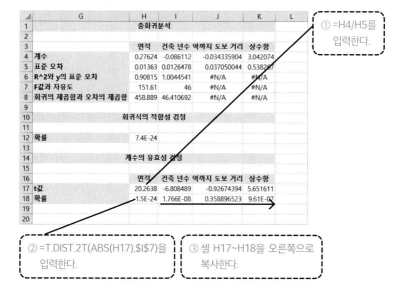

① =H4/H5를 입력한다.

② =T.DIST.2T(ABS(H17),$I$7)을 입력한다.

③ 셀 H17~H18을 오른쪽으로 복사한다.

결과는 순서대로 1.5E−24, 1.8E−08, 0.3589, 9.61E−07입니다. 건축년수, 면적, 상수항 귀무가설은 0.1%의 유의성으로 기각됩니다. 즉, 이러한 계수는 유효하다고 할 수 있습니다. 그러나 역까지 도보 시간의 귀무가설을 기각할 수 없으므로 계수가 유효하다고는 할 수 없습니다.

역까지 도보 시간은 집세 예측에는 그다지 도움이 되지 않는 건가? 중회귀분석도, 중회귀분석 검정도 편리하네.

더 많은 분석을 위해서

이 책에서는 일반적인 데이터 분석에 활용할 수 있는 통계 방법을 위주로 소개했습니다. 보다 복잡한 분석을 시행하고 싶을 때는 고도의 방법을 알아야 하겠죠. 이를 위해서 부록으로 분산분석을 소개합니다. 실습 파일과 함께 PDF 파일로 제공합니다.

실습 파일
부록.xlsx

분산분석이란

7장에서는 평균값 차이 검정을 시행했습니다. 영진 사브레와 타사 사브레의 평가나 남성과 여성의 인터넷 이용 시간 차이 등이지만, 어느 것이든 두 그룹의 평균값 차이의 검정이었습니다. 그렇다면 아래와 같은 세 그룹 이상의 데이터는 어떻게 분석하면 좋을까요?

🌙 **도표 A-1 직업에 따른 과자 구매 수의 차이(일부 데이터)**

	A	B	C	D
1	과자 구매 수(주간)			
2				
3	회사원	학생	무직	
4	6	9	2	
5	5	4	0	
6	5	11	2	
7	2	6	2	

회사원, 학생, 무직이라는 세 그룹이 있다.

이때, t검정을 그대로 사용하는 것이 아니라 분산분석이라 부르는 방법을 사용합니다. 대부분 사칙연산이므로 지금까지 배운 지식으로 가능합니다.

● 도표 A-2 일원분산분석의 예

과자 구매 수(주간)				일원배치 분산분석				
회원	학생	무직			회사원	학생	무직	전부
6	9	2		변동	143.2	172.308	118	510.88
5	4	0						
5	11	2						
2	6	2		분산분석표				
7	4	4						
2	1	3			변동	자유도	평균 제곱	F값	확률
0	7	3		수준 사이	77.3723	2	38.6862	4.19427	0.02108 *
6	4	1		수준 내	433.508	47	9.22357		
0	13	2		합계	510.88	49			
3	1	4						

> 하나의 요인(직업)에 관해 그룹의 차이를 보는 것이므로 일원분산분석이라고 하는 방법을 사용한다.

직업에 따른 차이와 성별에 따른 차이처럼, 요인이 두 개 있는 경우에는 이원분산분석이라는 방법을 사용합니다. 데이터는 아래의 형식과 같습니다.

● 도표 A-3 이원분산분석에서 사용하는 데이터

직업/성별	F	M
회사원	0	6
회사원	2	5
⋮	⋮	⋮
학생	9	4
학생	11	6
⋮	⋮	⋮
무직	2	13
무직	0	3
⋮	⋮	⋮

> 요인은 직업과 성별, 이 두 가지다. 직업은 세 그룹, 성별은 두 그룹으로 나뉘어 있다

반복 수가 같은(각 그룹의 데이터 수가 같음) 경우에는 분석 툴 애드인으로 간단하게 할 수 있지만, 반복 수가 다른 경우에는 계산 순서가 상당히 길어지므로 R 같은 통계 애플리케이션을 사용하는 것이 간단합니다. 실습 파일에는 일부러 Excel로 계산해 본 예시와 해설이 포함되어 있습니다.

분석 목적·데이터 형식

도수분포표·히스토그램

평균값·중앙값 표준편차·분산

순위·편차치 ABC 분석

상관관계·회귀 분석·중회귀분석

시계열 분석

평균값의 차이 검정·분산의 차이 검정

독립성 검정·상관·회귀 검정

부록·용어집

용어집

이 책에서 소개하는 통계 용어를 정리했습니다. 해설뿐 아니라 그림풀이와 표 등도 포함하고 있으므로 모르는 용어가 있을 때는 이 페이지를 활용해 보세요.

μ (뮤)

모집단의 평균을 나타내기 위한 기호. 샘플의 평균은 x̄라고 표현한다.

σ (시그마)

모집단의 표준편차를 나타내기 위한 기호. 모집단의 분산은 σ^2, 샘플의 표준편차는 s, 분산은 s^2으로 표현한다.

ABC 분석

구성비를 바탕으로 중요한 항목을 밝혀내는 분석 방법. 상위부터 전체 70%까지를 클래스 A라 하고 가장 중요한 항목이라 평가하며, 90%까지를 클래스 B라 하고 다음으로 중요한 항목이라 평가한다. 그 이외는 클래스 C라고 한다. 매출에 공헌하는 상품이나 신속하게 대처해야 하는 문제 등을 알 수 있다.

F검정

분산의 차이 검정을 말한다. F분산을 이용한다. F.TEST 함수로 확률을 구할 수 있다.

F분산

분산의 차이 검정이나 분산분석으로 사용되는 확률 분포. 그래프를 그리면 오른쪽으로 완만하고 넓은 모양이 된다.

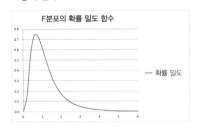

F분포의 확률 밀도 함수

자유도 n_1, n_2의 F분포를 수식으로 나타내면 아래와 같다.

$$\frac{\Gamma((n_1+n_2)/2)(n_1/n_2)^{(n_1/2)}x^{(n_1/2-1)}}{\Gamma(n_1/2)\Gamma(n_2/2)(1+(n_1/n_2)x)^{((n_1+n_2)/2)}}$$

($\Gamma(\alpha)$는 감마 함수)

F.DIST 함수, F.DIST.RT 함수를 사용하면 간단하게 확률 밀도 함수의 값이나 누적 분포 함수의 값을 구할 수 있다.

t검정

평균값의 차이 검정을 말한다. t분포를 이용한다. T.TEST 함수로 확률을 구할 수 있다.

t분포

평균값의 차이 검정 등에 사용되는 확률 분포. 좌우 대칭인 그래프가 된다.

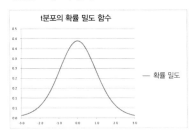

t분포의 확률 밀도 함수

자유도 n의 t분포를 수식으로 나타내면 아래와 같다.

$$\frac{\Gamma(n+1)/2}{\sqrt{n\pi}\,\Gamma(n/2)(1+x^2/n)^{((n+1)/2)}}$$

($\Gamma(\alpha)$는 감마 함수)

T.DIST 함수, T.DIST.RT 함수, T.DIST.2T 함수를 사용하면 간단하게 확률 밀도 함수 값이나 누적 분포 함수의 값을 구할 수 있다.

VIF

분산확대계수(Variance Inflation Factor)의 첫 글자를 딴 것으로, 다중공선성이 있는지의 지표가 되는 값이다. 설명변수끼리의 상관행렬에서 역행렬을 구했을 때 대각요소의 값. 일반적으로 VIF 값이 10 이상이 되면 다중공선성이 있다고 간주한다.

회귀식

회귀분석에서 목적변수 y와 설명변수 x의 관계를 나타낸 식.

$$y=a_1 \times x_1 + a_2 \times x_2 + a_3 \times x_3 + ...b$$

라고 표현한다. x_1, x_2, x_3…가 설명변수이고 a_1, a_2, a_3…가 계수, b는 상수항이다. 단회귀분석에의 회귀식은 직선식이 된다.

회귀직선

단회귀분석에서 몇 가지 데이터의 가장 가까운 곳을 통과하는 직선을 말한다. 회귀직선의 계수와 절편을 구할 수 있다면 설명변수를 바탕으로 목적변수를 설명할 수 있다. 예를 들어, 기온과 맥주 판매량을 여러 번 측정하여 회귀직선을 그으면, 기온이 어느 정도가 되면 맥주가 얼마나 팔리는가를 예측할 수 있다.

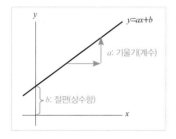

회귀분석

변수들 사이의 관계를 추정하는 분석방법. 일반적으로 설명변수가 하나인 경우는 단회귀분석이라고 하고, 설명변수가 여러 개인 경우는 중회귀분석이라고 한다. LINEST 함수로 계수나 상수항, 그 외의 값을 구할 수 있다.

계급

도수분포표에 따른 구분.

카이제곱 검정

χ^2 분포를 이용한 검정. 독립성 검정이나 적합도 검정을 할 수 있다. CHISQ.TEST 함수로 분포 이론값과 실측값을 지정하면 확률을 구할 수 있다.

단측 확률

단측검정을 시행하는 경우, 검정통계량에 대한 우측 확률(혹은 좌측확률).

단측 검정

두 그룹 중 어느 쪽이 큰지 작은지를 검정할 때의 검정 방법. 두 그룹의 차이가 있는지를 검정하는 경우는 양측검정이 된다.

기하 평균

모든 데이터를 곱해서 그 계수 제곱근을 구한 값. 산술 평균과 비교해 동떨어진값의 영향을 받기 어렵다. 대푯값의 하나이며 상승 평균이라고도 한다. GEOMEAN 함수로 구할 수 있다.

기각 영역

분포의 양측확률이나 단측확률이 5% 이하 혹은 1% 이하가 되는(유의하다) 검정통계량 값의 범위.

● 단측 검정의 경우

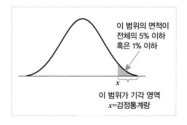

● 양측 검정의 경우

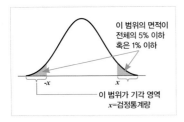

이 범위의 면적이 전체의 5% 이하 혹은 1% 이하

-x   x

이 범위가 기각 영역
x=검정통계량

허위상관관계

본래의 요인은 숨겨져 있고, 다른 요인과 표면적으로 상관관계가 있는 것처럼 보이는 것. 예를 들어 아침을 먹는 횟수와 성적에 양의 상관관계가 있는 경우, 실제로 관계가 있는지는 아침을 먹는가가 아니라 제대로 된 생활 습관을 지키고 있는지 아닌지이기도 하다.

기댓값

이산분포에서 상정된 분포에 따르고 있다면 그 값이 되리라 예측하는 값. 실측값과 기댓값의 차를 바탕으로 카이제곱검정을 시행하는 것에 따라 독립성이나 적합도를 검정할 수 있다.

귀무가설

검정을 시행하는데 있어서 세운 가설을 말한다. 통상적으로 기각하고 싶은(무로 돌리고 싶은) 가설이라서 이렇게 부른다. 예를 들어 평균값 차이 검정의 경우, '평균값은 같다'라는 귀무가설을 세우지만, 마음으로는 이를 기각하고 '평균값은 같지 않다(혹은 어느 쪽이 크다)'라고 말하고 싶은 것이다.

기여율

회귀식의 적합도를 나타내는 값. 상관계수의 제곱. LINEST 함수로도 구할 수 있다.

구간추정

모집단의 평균값이나 분산을 어느 정도 폭을 두고 추정한 값. 예를 들어 샘플의 개수가 30, 평균값이 60, 분산표준편차가 10일 때, 모집단의 평균값 μ를

95% 신뢰 구간으로 추정하면 $56.27 \leq \mu \leq 63.73$이 된다. 이는 신뢰 구간을 구하는 것을 여러 번 반복하면, 구한 신뢰 구간에 모집단의 평균이 포함된 확률이 95%라는 의미다. 아래의 식으로 신뢰 구간을 구할 수 있다.

• 모집단의 분산을 알고 있는 경우

$$\bar{x} - z\left(\frac{a}{2}\right)\frac{표준편차}{\sqrt{N}} \leq \mu \leq \bar{x} + z\left(\frac{a}{2}\right)\frac{표준편차}{\sqrt{N}}$$

• 모집단의 분산을 모르는 경우

$$\bar{x} - t_{N-1}\left(\frac{a}{2}\right)\frac{표본 표준편차}{\sqrt{N}} \leq \mu \leq \bar{x} + t_{N-1}\left(\frac{a}{2}\right)\frac{표본 표준편차}{\sqrt{N}}$$

단, 이러한 식을 사용하지 않아도 신뢰 구간은 CONFIDENCE.NORM 함수나 CONFIDENCE.T 함수로 구할 수 있다. 또한 모집단의 평균값이나 분산을 하나의 값으로 추정하는 방법은 점 추정이라고 한다.

교차집계표

열과 행에 항목의 제목을 나열해서 그 값이 교차한 부분에 합계나 개수 등을 기재한 표.

D	E	F	G	H
	교차집계표			
성별 / 답변		Y	N	합계
M		7	17	24
F		15	11	26
합계		22	28	50

그룹

같은 직업이나 같은 성별 등의 집합(그룹).

계수

회귀식의 설명변수 x에 곱해진 값. 단회귀분석의 경우라면 회귀직선의 기울기, 즉 x의 값이 1 늘어났을 때 y의 값이 얼마나 증감하는지를 나타낸다. SLOPE 함수, LINEST 함수로 구할 수 있다.

결정계수

→ 기여율

검정

평균값의 차이나 분산의 차이가 있는지를 확률으로 판정하는 것. 보통 '차이가 없다'라는 귀무가설을 세우고 그 가설을 기각하는 것이 오류일 확률이 5% 이하, 혹은 1% 이하일 때 '유의하다'라고 하며 귀무가설을 기각하고 대립가설을 채용한다.

검정통계량

귀무가설이 옳다면, 평균값의 차이나 분산의 차이를 바탕으로 세워진 수식은 어떠한 분산을 따르는가 하는 것이 정해져 있다. 그 수식에 샘플 데이터를 적용하여 구한 값이다. 샘플에서 구한 값이 분포의 x축 어느 위치에 있는지를 알 수 있다. 이 값을 바탕으로 양측확률이나 단측확률을 구할 수 있으며, 통계적으로 유의한지 여부가 판정된다. 확률을 간단히 구할 수 없을 때는 검정통계량이 기각 영역에 들어가 있는지로 판단한다.

켄달의 순위상관

순위상관계수의 하나. 두 가지 항목의 순위가 얼마나 일치하는지를 바탕으로 구한 상관계수.

구성비

전체 중 개개의 항목이 차지하는 비율. 각 데이터를 총합으로 나누면 구할 수 있다. 예를 들어 각 상품의 매출 금액을 전체 매출 금액으로 나누면 상품 매출의 구성비를 구할 수 있다.

오차

일반적으로는 측정값과 실제값과의 차이. 예를 들어 모집단의 평균값을 μ, 측정값을 x_i라 하면 오차 e_i는 $x_i - \mu$가 된다.

최솟값

가장 자주 나타나는 값. 최솟값이 여러 개 있는 경우도 있다. 대푯값 중 하나. 이산분포의 경우, MODE.SNGL 함수, MODE.MULT 함수로 구할 수 있다. 연속분포의 경우는 히스토그램에서 가장 높은 봉우리의 계급값을 최솟값이라 한다.

편차

오차의 추정값을 말한다. 각 데이터의 값-평균값으로 구할 수 있다. 엄밀하게 오차와는 다르지만, 거의 같다고 여긴다.

산술 평균

→ 평균값

분산형 차트

x와 y의 값을 바탕으로 점을 찍은 것. 여러 개의 점 근처를 통과하는 근사곡선을 표시할 수도 있다.

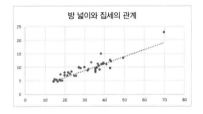

샘플

모집단에서 추출한 몇 개의 데이터를 말한다. 표본이라고도 한다.

시계열 분석

일정 시간 간격(타임라인)으로 나열한 데이터를 바탕으로 계절 변동을 추출하거나 미래의 값을 예측하는 것. FORECAST.ETS 함수 등을 사용해 예측값을 구한다.

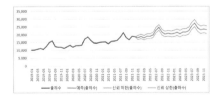

지수함수

$y = b \times m^x$로 나타내는 함수. x의 값이 늘어남에 따라 y의 값이 급격하게 커진다.

용어집

삼중 지수 평활법

시계열 분석에서 과거의 값보다 최근 값에 큰 무게를 두고, 다중평균을 구해서 예측에 이용하는 방법.

사분위수

전체를 1/4씩 나눈 위치에 있는 값. 처음 1/4에 해당하는 값이 제1사분위수이며, 2/4 즉 1/2에 해당하는 값은 제2사분위수, 3/4에 해당하는 값은 제3사분위수가 된다. 제1사분위수는 25퍼센타일 값과 같으며, 제2사분위수는 중앙값과 같다. 제3사분위수는 75퍼센타일 값과 같다. QUARTILE.INC 함수나 QUARTILE.EXC 함수로 구할 수 있다.

사분위간 범위

제3사분위수 - 제1사분위수를 말한다. 전체의 절반이 이 범위에 포함된다.

중회귀분석

→ 회귀분석

자유도

독립한 데이터의 개수. 불편분산을 구하는 경우에는 각 데이터를 바탕으로 추정된 모집단의 평균이 식 안에 포함되어 있으므로 데이터의 개수 -1이 자유도가 된다.

순위 상관

키나 성적은 척도의 간격이 일정하다고 볼 수 있지만(간격척도), 매출 1위와 2위의 간격과 2위와 3위의 간격은 일정하다고는 할 수 없다(순위척도). 그럴 때 1이나 2라는 값이 아니라 1위, 2위와 같이 순서를 사용해 계산하는 상관계수다.

신뢰 구간

구간 추정에서 모집단의 평균값이나 분산이 일정 확률로 포함되는 범위를 말한다. 예를 들어 평균값에 관해 95%의 신뢰 구간이라고 할 때, 샘플을 추출해 신뢰 구간을 구하는 작업을 여러 번 반복하면 이들의 신뢰 구간 안에 모집단의 평균값이 95%의 확률로 포함된다는 것이다. CONFIDENCE.NORM 함수나 CONFIDENCE.T 함수로 구할 수 있다.

스터지스의 공식

도수분포표를 작성할 때, 계급을 몇 개로 나눌 것인가 하는 기준이 되는 값을 구하기 위해 자주 사용하는 식.

$$1 + \frac{\log_{10} n}{\log_{10} 2}$$

(n은 데이터의 수)

스피어만의 순위 상관

순위 상관의 하나. 항목 두 개의 순위가 얼마나 떨어져 있는가를 바탕으로 구한 상관관계.

정규분포

검정 등의 기초가 되는 확률분포 중 하나. 이항분포의 시행 횟수를 늘려가면 정규분포에 가까워진다. 아래의 식으로 정규분포를 구할 수 있다.

$$\frac{1}{\sqrt{2\pi}\sigma} e^{-\frac{(x-\mu)^2}{2\sigma^2}}$$

절편

함수에서 x의 값이 0일 때의 y값. 함수 그래프를 그리면 y축과 그래프 곡선 혹은 직선과의 교차점에 해당한다. 상수항이라고도 부른다.

설명 변수

회귀분석에서 목적 변수를 예측하기 위한 근원이 되는 변수. 단회귀분석의 경우 $y = ax + b$라는 회귀식의 x에 해당하는 변수.

첨도

데이터가 평균값 가까이에 얼마나 모여 있는가(혹은 모여 있지 않은가)를 나타내는 값. 첨도의 값이 클수록 데이터가 평균값 근처에 모여있는(뾰족한) 분포가 된다. 첨도가 0에 가까우면 정규분포에 가까워진다. KURT 함수로 구할 수 있다.

● 첨도와 분포 모양의 관계

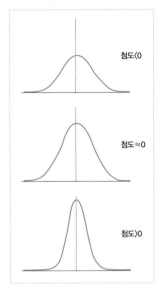

산술 평균
→ 평균값

상관관계

어떤 변수와 다른 변수의 관계. 예를 들어 기온과 맥주 판매량의 관계 등. 상관관계의 강도는 상관계수로 나타낸다.

상관계수

어떤 변수와 다른 변수가 어느 정도 관계가 있는지를 나타내는 값. 상관계수가 1에 가까우면 양의 상관관계(한쪽이 증가하면 다른 쪽도 증가한다), −1에 가까우면 음의 상관관계(한쪽이 증가하면 다른 쪽은 감소한다), 0에 가까우면 무상관이 된다. 상관관계와 인과관계는 다른 것이라는 것에 주의하자. 또 허위상관에도 주의할 필요가 있다. CORREL 함수로 구할 수 있다.

상승평균
→ 기하 평균

대응하는 데이터

어느 그룹과 다른 그룹의 샘플이 같은 개체인 것. 예를 들어 같은 사람이 2회 테스트를 받은 경우, 1회차 성적과 2회차 성적은 대응하는 데이터가 된다.

대응하지 않는 데이터

한 그룹과 다른 그룹의 샘플이 독립적으로 다뤄진 개체인 것. 예를 들어 다른 사람이 2회 테스트를 본 경우, 1회차의 성적과 2회차의 성적은 대응하지 않는 데이터가 된다.

대푯값

집단의 성질을 나타내기 위한 값. 평균값(산술 평균)이 자주 사용되지만, 동떨어진값이 있는 경우에는 중앙값 등이 사용되기도 한다.

대립가설

검정에서 귀무가설과 대립하는 가설을 말한다. 예를 들어 귀무가설이 'A그룹과 B그룹의 평균값에는 차이가 없다.'라면, 대립가설은 'A그룹과 B그룹의 평균값에는 차이가 있다.', 'A그룹의 평균값은 B그룹의 평균값보다 크다.', 'A그룹의 평균값은 B그룹의 평균값보다 작다.' 이 세 가지를 생각할 수 있다.

다중공선성

중회귀분석에서 비슷한 성질의 설명변수를 중복해서 사용하는 것. 어느 하나의 설명변수를 제외할 필요가 있다. 다중공선성은 일반적으로 설명변수 사이의 상관관계가 강할 때 보여지고, VIF나 공차한계(Tolerance)값에 의해 표현된다. '멀티코'라고도 부른다.

중앙값

모든 데이터를 작은 순서대로 나열했을 때 중앙에 있는 값을 말한다. 데이터 수가 짝수일 때는 중앙에 있는 두 개의 값의 산술 평균을 중앙값으로 한다. 대푯값의 하나. MEDIAN 함수로 구할 수 있다.

용어집

중심극한정리
모집단이 어떤 분포라 해도, 몇 가지 샘플을 추출해 평균값을 구하는 것을 여러 번 반복하면 이들 평균값의 분포가 정규분포에 가까워진다는 정리.

조화평균
각 데이터의 역수의 합을 개수로 나누고, 그 역수를 구한 것. 속도의 평균을 구하는 경우 등에 사용된다. HARMEAN 함수로 구할 수 있다.

점 추정
샘플에서 얻은 평균값이나 불편분산을 사용해 모집단의 평균값이나 분산을 하나의 값으로 추정하는 것. 한편, 어느 정도 폭을 두고 추정하는 방법을 구간추정이라고 한다.

독립성 검정
모집단의 분포가 특정한 이산분포를 따르고 있는지를 검정하는 것. x^2분포를 이용한다. CHISQ.TEST 함수로 확률을 구할 수 있다.

도수
값의 개수를 말한다. 값 그 자체가 아니라는 점에 주의하자. 예를 들어 10, 11, 16이라는 값이 있을 때, 10 이상 15 미만의 도수는 2다.

도수분포표
샘플값을 여러 구간(계급)으로 나누어 거기에 포함된 값이 몇 개가 나타나는지 표로 나타낸 것. 집단의 전체 이미지를 살펴보는데 자주 사용한다. FREQUENCY 함수를 사용하면 간단하게 작성할 수 있다.

도수분포표 초과	이하	사람 수
0	30	16
30	60	18
60	90	24
90	120	27
120	150	29
150	180	18
180	210	17
210	240	8
240	270	2
270	300	1

공차한계
허용도라고도 한다. VIF의 역수. 공차한계 값이 작으면 다중공선성이 의심된다.

이항분포
주사위를 던진 횟수에 대해 눈금 1이 나올 확률이 얼마나 되는가처럼, 일정 확률 p로 일어날 사실과 현상이 n회 중 x회 일어날 확률을 나타낸 분포. 이산분포 중 하나이며 BINOM.DIST 함수로 확률함수 값이나 누적확률 값을 구할 수 있다.

논파라메트릭 검정
모집단 분포 등의 모델을 전제로 하지 않는 검정 방법. 만 휘트니 검정은 파라메트릭 검정의 하나이다.

퍼센타일값
전체값 중 하위 몇 퍼센트의 위치에 있는 값인지를 말한다. 예를 들어 80 퍼센타일값이라면 하위부터 셈해서 80%의 위치에 있는 값이다. 이 값은 상위부터 셈하면 20%의 위치에 해당한다. PERCENTILE.INC 함수나 PERCENTILE.EXC 함수로 구할 수 있다.

상자 수염 그림
사분위수를 이용해 데이터 분포를 그래프화한 것. 제1사분위수부터 제3사분위수를 '상자'로 표현하고, 사분위간 범위 값을 바탕으로 '수염'을 붙인다. '수염' 바깥쪽에 있는 값은 동떨어진값이므로 '바깥값'이라 부른다.

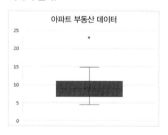

바깥값

집단 속 대부분의 데이터와는 동떨어진 위치에 있는 값.

파라메트릭 검정

모집단이 정규분포를 따르고 있는 일정한 모델을 전제로 하는 검정 방법. F검정이나 t검정 등이 파라메트릭 검정이다.

파레토

ABC 분석에서 사용하는 그래프. 상위부터 순서대로 막대그래프를 그리고 그 누계를 꺾은선 그래프로 그린다. 누계의 축(오른쪽 끝의 축)의 70% 위치에서 꺾은선을 향해 가로줄을 그어 꺾은선과 교차하는 점에서 아래쪽으로 선을 그으면 전체의 70%를 차지하는 항목이 어느 것인지 알 수 있다.

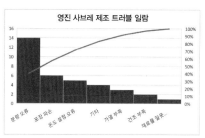

히스토그램

도수분포표를 그래프로 만든 것. Excel 2016에서는 원래 데이터로 간단히 작성할 수 있지만, Excel 2013 이전 버전에서는 도수분포표를 바탕으로 막대그래프를 작성하여 막대와 막대의 간격을 0으로 한다.

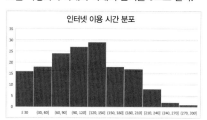

표준정규분포

평균이 0, 분포가 1^2인 정규분포를 말한다.

표준편차

모집단 데이터의 불균형을 나타낸 값을 말한다. 분산은 값이 제곱되어 있어서 원래의 값과 비교하기 어려우므로 그 제곱근을 구해 원래 데이터와 단위를 같게 한 것.

표본

→ 샘플

표준편차

샘플이 모집단 그 자체인 경우의 표준편차를 말한다. 통상, 분산의 양의 제곱근이 표준편차가 된다. STDEV.P 함수로 구할 수 있다.

분산

샘플이 모집단 그 자체인 경우의 분산을 말한다. VAR.P 함수로 구할 수 있다.

표본 표준편차

샘플을 바탕으로 구한 모집단의 표준편차 추정치를 말한다. 통상적으로 표본 분산의 양의 제곱근이 표본 표준편차가 된다. STDEV.S 함수로 구할 수 있다.

표본 분산

샘플을 바탕으로 구한 모집단의 분산 추정치. VAR.S 함수로 구할 수 있다.

용어집

● 분산과 표본 분산의 차이

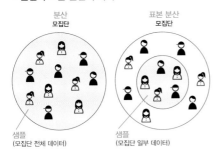

분산
모집단

표본 분산
모집단

샘플
(모집단 전체 데이터)

샘플
(모집단 일부 데이터)

분산

모집단의 데이터의 불균형을 나타내는 값. VAR.S 함수, VAR.P 함수로 구할 수 있다.

분산분석

그룹 사이의 분산과 그룹 내의 분산을 비교하여 그룹 간의 평균값에 차이가 있는지를 검정하는 방법. 세 그룹 이상의 평균값 차이 검정이나 두 요인의 평균값 차이 검증 등에 사용된다.

분포

어느 값의 데이터가 얼마나 나타나는가 하는 것. 데이터의 개수를 사용해 나타내는 경우는 도수분포가 되고, 데이터가 나타날 확률을 나타내는 경우는 확률분포가 된다.

평균값

모든 데이터를 더해서 그 개수로 나눈 값을 말한다. 일반적으로 평균값이라 부르지만, 정식으로는 산술평균 혹은 상가평균이라 부른다. 대푯값으로 가장 자주 사용하지만 동떨어진값이 있는 경우에는 대푯값에 적합하지 않을 수도 있다. AVERAGEIF 함수, AVERAGEIFS 함수로 구할 수 있다.

편차치

집단 안에서 어느 정도 위치에 있는지를 객관적으로 나타내는 값. 평균이나 표준편차가 달라도 편차치를 사용하면 비교할 수 있게 된다. 아래의 식으로 편차치를 구할 수 있다.

$$편차치 = \frac{x_i - \mu}{s} \times 10 + 50$$

(x_i는 각 데이터, μ는 평균, s는 표준편차)

변수

다양한 값을 가진 것을 나타내는 문자나 이름을 말한다. 일반적으로 x나 y등으로 표현한다. 예를 들어, 영업소의 인원수를 x로 표현하거나, 매년 매출 금액을 y로 표현하는 것 등을 말한다.

모집단

조사대상이 되는 전체를 말한다. 모집단에서 추출한 일부의 사람이나 물건을 샘플 혹은 표본이라 부른다. 예를 들어 여성의 의식 조사를 시행하기 위해서 100명에게 설문조사를 했을 경우, 모집단은 여성 전체, 샘플은 설문조사를 한 100명의 여성이 된다.

만 휘트니 검정

모집단이 정규분포를 따르지 않는 경우에 사용되는 평균값의 차이 검정. 실제로는 중앙값의 차이 검정이다. 논파라메트릭 검정의 하나다.

우측확률

확률분포에서 가로축의 값이 어떤 값보다 큰 값일 확률. 상측확률이라고도 한다.

● 우측확률

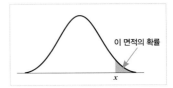

이 면적의 확률

x

무상관 검정

t분포를 이용해 상관관계가 있는지 검정한다.

목적변수

회귀분석에서 설명변수를 사용해 예측하고 싶은 변수. 단회귀분석의 경우, $y=ax+b$라는 회귀식의 y에 해당하는 변수.

유의차*

검정에서 귀무가설을 기각했을 때 그것이 오류일 확률이 5% 혹은 1% 이하인 것. 유의차가 있는 경우에는 귀무가설을 기각해도 오류가 없다고 생각된다. 그러므로 '모집단의 평균에 차이는 없다'라는 귀무가설을 기각하고, '모집단의 평균에 차이가 있다'라는 대립가설을 채용한다.

* 통계학 등에서, 우연히 생겼다고는 인정할 수 없는 차이.

유의수준

검정에서 귀무가설을 기각하는지의 기준이 되는 확률. 5% 혹은 1%를 사용하는 것이 보통이다. 통계검정량에 대해 양측확률이나 단측확률이 유의수준 이하라면 귀무가설이 기각되어 유의차가 있다고 간주한다.

이산분포

x축의 값이 연속하지 않는 확률분포를 말한다. 이산분포나 푸아송분포 등 다양한 것이 있다.

● 이산분포

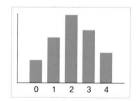

양측검정

두 그룹에 차이가 있는지를 검정하는 경우의 검정방법. 어느 쪽이 큰지 여부를 검정하는 경우는 단측검정이 된다.

연속분포

x축 값이 연속하고 있는 확률분포. 정규분포나 t분포, F분포 등 다양한 것이 있다.

● 연속분포

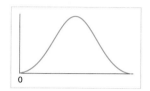

왜도

분포의 왜곡을 나타내는 값. 왜도가 양의 값이면, 평균값보다 왼쪽에 봉우리가 있는(오른쪽의 완만한 경사 부분이 넓다) 분포가 되고, 음의 값이면 오른쪽에 봉우리가 있는(왼쪽의 완만한 경사 부분이 넓다) 분포가 된다. 0에 가까우면 좌우 대칭인 분포가 된다. SKEW 함수로 구할 수 있다.

● 왜도와 분포 모양의 관계

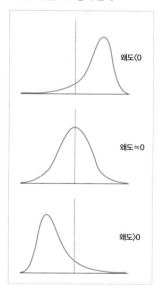

이제 근거 있는 아이디어를 낼 준비가 된 것 같네요? 예전의
모습을 한 번 떠올려볼까요? 이제 막힘 없이 활용해보세요!

분석의 목적과 데이터 형식을 몰랐다

데이터 정리법과 표현법을 몰랐다

수집한 데이터로 비교하는 방법을 몰랐다

자신의 수준을 정확히 알지 못했다

260

배우고 나니, 그동안 얼마나 효율적이지 못했는지…
앞으로 많은 아이디어를 낼 수 있겠어요!

다양한 요인을 고려하지 못했다

신년 매출 예측을 하지 못했다

평가의 차이가 유의미한지 몰랐다

분석 결과를 신뢰할 수 없었다

에필로그

epilogue

   데이터 분석 공부를 마친 차바울 주임. 일주일 동안 기본적인 사고부터 통계량의 계산, 검정 방법까지 다양한 지식을 익힐 수 있었습니다. 이제 논문 콘테스트를 위한 자료나 데이터를 분석할 수 있을 것 같습니다. 이렇게 성장한 차바울 주임을 보고 김경민 부장과 최윤정 팀장이 일주일 동안 고생했다고 말해주었습니다.

공부는 꽤 많이 한 것 같은데, 논문 쪽은 어떻게 되어 가?

아직 시작한 건 아니지만, 윤정 선배 덕분에 현재 상태 분석에 임할 수 있을 것 같습니다.

사내 논문이 모두 유명무실한 거라고들 여기지만, 회사 상황을 객관적으로 분석하는 기회야.

즉, 보다 상위 포지션에 설 기반이라는 거지. 물론 업무 실적도 중요하지만 말이야.

굉장히 부담스럽지만… 그래도 길이 보이기 시작했어요. 감사합니다!

끝

엑셀로 시작하는
데이터과학 실무

1판 1쇄 발행 2021년 1월 7일

저 자 | 하야마 히로시
역 자 | 최서희
발 행 인 | 김길수
발 행 처 | ㈜영진닷컴
주 소 | ㈜08505 서울특별시 금천구 가산디지털1로 128
STX-V 타워 4층 401호
등 록 | 2007. 4. 27. 제16-4189

ISBN | 978-89-314-6334-7

YoungJin.com **Y.**
영진닷컴

영진닷컴
프로그래밍 도서

영진닷컴에서 출간된 프로그래밍 분야의 다양한 도서들을 소개합니다.
파이썬, 인공지능, 알고리즘, 안드로이드 앱 제작, 개발 관련 도서 등 초보자를 위한 입문서부터
활용도 높은 고급서까지 독자 여러분께 도움이 될만한 다양한 분야, 난이도의 도서들이 있습니다.

스마트 스피커
앱 만들기

타카우마 히로노리 저 | 336쪽
24,000원

호기심을 풀어보는
신비한 파이썬
프로젝트

LEE Vaughan 저 | 416쪽
24,000원

나쁜 프로그래밍
습관

칼 비쳐 저 | 256쪽
18,000원

유니티를 이용한
VR앱 개발

코노 노부히로, 마츠시마 히로키,
오오시마 타케나오 저 | 452쪽
32,000원

하루만에 배우는
안드로이드 앱 만들기
2nd Edition

서창준 저 | 272쪽
20,000원

퍼즐로 배우는
알고리즘
with 파이썬

Srini Devadas 저 | 340쪽
20,000원

돈 되는
안드로이드
앱 만들기

조상철 저 | 512쪽 | 29,000원

IT 운용 체제 변화를 위한
데브옵스 DevOps

카와무라 세이고, 기타노 타로오,
나카야마 타카히로 저
400쪽 | 28,000원

게임으로 배우는
파이썬

다나카 겐이치로 저 | 288쪽
17,000원

수학으로 배우는
파이썬

다나카 카즈나리 저 | 168쪽
13,000원

텐서플로로 배우는
딥러닝

솔라리스 저 | 416쪽
26,000원

그들은 알고리즘을
알았을까?

Martin Erwig 저 | 336쪽
18,000원